40 TAREAS

DE ENTRENAMIENTO PARA DISEÑAR TUS...

MICROCICLOS EN FÚTBOL

JUAN FRANCISCO CARA MUÑOZ 
JOSÉ ALBERTO MARTÍNEZ SÁNCHEZ

WANCEULEN
EDITORIAL DEPORTIVA

Título: 40 TAREAS DE ENTRENAMIENTO PARA DISEÑAR TUS MICROCICLOS EN FÚTBOL

Autores JUAN FRANCISCO CARA MUÑOZ; JOSÉ ALBERTO MARTÍNEZ SÁNCHEZ

Editorial: WANCEULEN EDITORIAL
Sello Editorial: WANCEULEN EDITORIAL DEPORTIVA

ISBN (Papel b/n): 978-84-10480-50-6
ISBN (Papel color): 979-13-87710-24-8
ISBN (Ebook): 978-84-10480-51-3

Depósito Legal: SE 809-2025

WANCEULEN S.L.
www.wanceuleneditorial.com y www.wanceulen.com
info@wanceuleneditorial.com

ÍNDICE

Antes de abordar las distintas tareas, es importante partir de la definición de deporte. Gómez Mora (2003), habla de deporte como la "actividad lúdica sujeta a reglas fijas y controladas por organismos internacionales que se practica de forma individual y colectiva".

Según Hernández Moreno (2000), podemos encontrar una serie de características asociadas a los deportes:

- **Una situación motriz**: realización de una actividad en la que la acción mecánica y comportamental está presente y constituye parte insustituible de la tarea.

- **El juego**: supone una participación voluntaria, libre y con propósitos de recreación y finalidad en sí misma.

- **La competición**: entendida como deseo de superación, de progreso, de rendimiento elevado, ya sea con relación a uno mismo o a un adversario.

- **Las reglas**: permiten definir las características de la actividad y su desarrollo.

- **La institucionalización**: ya que requiere el reconocimiento y control por parte de un organismo de su desarrollo. Además, serán estos entes los que fijen los reglamentos.

Todas estas características están vinculadas al deporte del fútbol. El fútbol es el deporte más popular del mundo, con más de 265 millones de participantes (Lázarus, 2013), y posiblemente es la modalidad deportiva más estudiada (Filetti et al., 2017). Podemos entender este deporte como un juego que demanda altas intensidades con el fin de ejecutar un rendimiento dinámico y rápido (Safania, Alizadeh y Nourshahi, 2011) por parte de los jugadores, el gol; o el generar ocasiones de gol, parámetro fundamental de rendimiento en fútbol (Martínez, Solana y Núñez, 2023).

En particular, el fútbol es un sistema específico constituido por la interacción de muchos jugadores (Clemente, 2014). Cada uno de estos jugadores, cuenta con unas características particulares, a las que hay que sumarle las relacionadas con el puesto específico en el que juegue (portero, defensa, mediocentro o delanteros). En función de su posición dentro del campo y las funciones que tenga que desempeñar, requerirá de unas demandas energéticas determinadas, así como el desarrollo de distintos aspectos técnicos y tácticos propios del juego (Cara, 2020). Estos aspectos técnicos y tácticos determinan un estilo de juego participar para cada equipo. La eficacia del estilo de juego depende de jugar en casa o fuera, las dimensiones del campo y el número de pases por ciclo de ataque que se produzcan en las acciones durante el juego (Martínez, Solana y Núñez, 2023).

Este deporte está clasificado dentro de los colectivos, siendo estas situaciones de cooperación-oposición, en las que los protagonistas intervienen con la colaboración de compañeros y la oposición de adversarios (Fuentes, 2015). A nivel práctico lo característico de estos deportes es que toda acción está determinada por una solución táctica. En los deportes de equipo se produce un proceso organizado de cooperación, realizado por la coordinación de las acciones de los jugadores de un equipo desarrolladas en condiciones de enfrentamiento con los adversarios: quienes a su vez coordinan acciones con el fin de romper la comunicación-coordinación del otro equipo (Martínez y cols, 2022).

Atendiendo a Olivera y cols. (2019), podemos establecer una serie de características comunes a todos los deportes colectivos:

— Todas las acciones vienen determinadas por una solución táctica.

— El auténtico dominio de la técnica.

— La necesidad de utilizar las acciones individuales de forma inteligente.

- La gran variabilidad de situaciones de juego.
- La gran cantidad de combinaciones de movimientos y acciones motoras colectivas y en grupo.

Entre los elementos formales de los deportes colectivos, y teniendo en cuenta la importancia de llevar a cabo un análisis desde una perspectiva estructural, encontramos los siguientes: espacio, compañeros-adversarios, móvil, meta y reglamento (Jiménez, 2011).

Para optimizar el uso de las tareas que se van a presentar a continuación, es necesario atender a la modificación de los parámetros estructurales del juego. Introduciendo variantes y progresiones, a través de estos parámetros del juego, vamos a poder simplificar y dificultar las tareas en función de las características individuales de nuestros jugadores. Algunos de los aspectos a adaptar para enriquecer nuestras tareas son los siguientes:

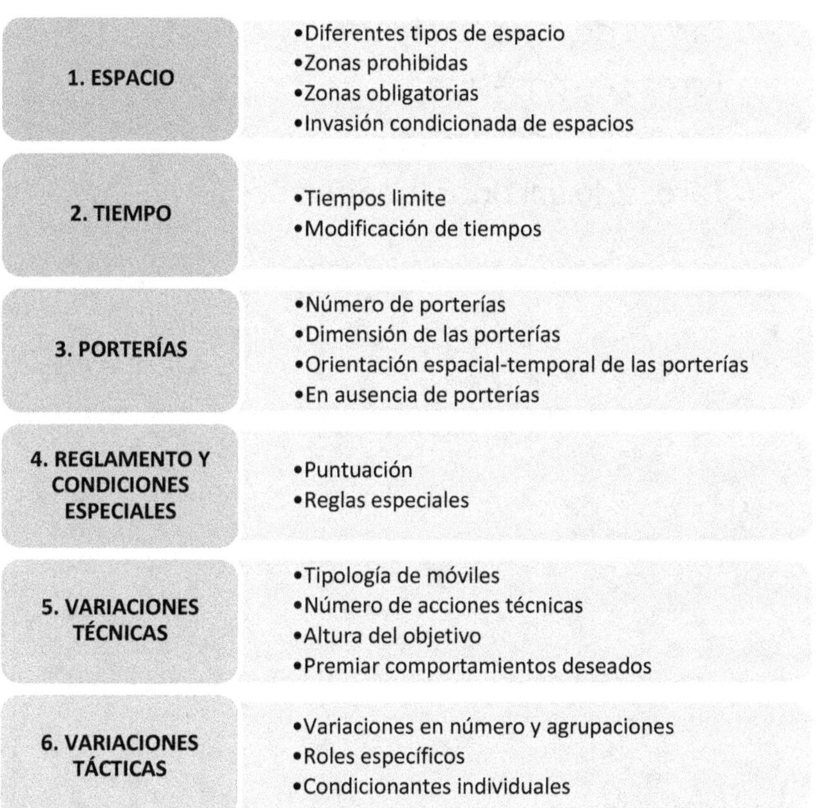

Figura 1. Aspectos a adaptar en la elaboración de tareas

La batería de tareas que presentamos, va a permitir elaborar microciclos de entrenamiento en función de las características de tu equipo y las individuales de tus jugadores. Estas tareas han sido divididas en una clasificación para facilitar su aplicación:

- Tareas de calentamiento.
- Tareas de posesión.
- Tareas de finalización.
- Tareas de partidos modificados.

El calentamiento es considerado una parte fundamental de la sesión de entrenamiento. Podemos definirlo como el conjunto de tareas o ejercicios realizados previos a la actuación deportiva con el fin de adaptar el organismo del deportista para que su rendimiento durante el entrenamiento o la competición pueda ser óptimo, y para minimizar el riesgo de lesiones durante la actividad a realizar (Vaquera y cols, 2002).

En referencia a la definición anterior, Calleja y cols. (2008), añaden la función de crear psicológicamente la predisposición al ejercicio.

Según Sorrabona y cols. (2018), todas las definiciones de calentamiento coinciden en una serie de aspectos:

- Conjunto de ejercicios.
- Realizados antes de una actividad.
- Objetivo preparar al organismo.
- Prevenir lesiones y accidentes.

En lo que respecta a los objetivos del calentamiento, podemos destacar los siguientes (Cañizares y Carbonero, 2016):

- Preparar al organismo para efectuar una actividad de mayor intensidad, y permitir al organismo adaptarse al nuevo esfuerzo de manera gradual mediante una serie de ejercicios. Y a su vez la preparación mental acorde con el posterior carácter de la actividad.

– Facilitar las funciones vegetativas y la estimulación del sistema nervioso.

– Evitar y reducir posibles lesiones, fundamentalmente gracias al aumento de la temperatura corporal.

Podemos encontrar distintos tipos de calentamiento en función de la actividad que vayamos a llevar a cabo (Weineck, 2019):

– Calentamiento general: con ejercicios que actúan sobre grandes grupos musculares, destinado a prepararnos para cualquier actividad.

– Calentamiento específico: formado por ejercicios específicos de la actividad a realizar.

En relación al rendimiento, el calentamiento además de prevenir el riesgo de lesiones contribuye, desde una perspectiva fisiológica y psicológica, a preparar al deportista o al equipo para la competición o para la sesión de entrenamiento. En todos los casos, se recomienda que el calentamiento del partido sea similar a la rutina de calentamiento de los entrenamientos, por lo que este debe ser entrenado y practicado. No se recomiendan variaciones en su estructura que puedan afectar a la práctica por el exceso o por defecto pueda producir una falta de optimización de la preparación (Weineck, 2019).

En la actualidad, son muchos los juegos que se emplean durante el calentamiento, de esta manera se obtienen los objetivos del calentamiento desde una perspectiva lúdica (Cara y Utrilla, 2011). Estos juegos o ejercicios han sido dirigidos principalmente a la parte del calentamiento, parte inicial de la sesión en la que pretendemos preparar el organismo para las exigencias que la parte principal de la sesión va a demandar, teniendo una intensidad determinada. En la mayoría de ellos lo que se pretende mejorar es la conducción del balón, el regate y la finta, aunque en muchos de ellos toma protagonismo la velocidad de reacción y el tiempo de respuesta, siendo el objetivo principal del juego mejorarlos.

Estos juegos también pueden ser utilizados en puestos específicos, como puede ser el caso del portero/a. Podemos observar como el entrenamiento mediante los juegos tradicionales, es por ello que pasamos a valorar la riqueza que los juegos aportan a los entrenamientos de los guardametas de los diferentes equipos de fútbol. Haciendo especial hincapié en su utilidad en los calentamientos previos a la parte principal de la sesión de entrenamiento (Cara y cols, 2020).

A continuación, podemos observar una batería de tareas de calentamiento que permiten la prevención de lesiones y la preparación para la parte principal desde una perspectiva lúdica.

ROBA RABOS

DESARROLLO DEL EJERCICIO

Cada jugador con 1 balón y 1 peto o cuerda con velcro (colocado en la parte posterior en forma de "cola" o "rabo"). Intentarán robarle los petos a sus compañeros y que el suyo no sea robado. El que aguante más tiempo con el peto conseguirá 3 puntos. Cada rabo ganado será 1 punto a cada jugador.

VARIANTES	PROGRESIÓN
Modificar superficie de contacto (exterior, interior, planta del pie, habilidad dinámica). Dividir al grupo en dos equipos y los puntos se cuentan por equipo.	Establecer un número de pataditas antes de poder robar algún peto. Indicar que solo pueden robar petos con su mano no dominante.

OBJETIVOS

Adaptar el organismo a la actividad que vamos a realizar a través de juegos.

CONTENIDOS

Fintas, conducciones, regates...

ORGANIZACIÓN

Dimensiones	40x15 metros.	Duración	7 minutos.
Nº Jug.	14 jugadores.	Fuera de Juego	No.
Materiales	14 balones y 14 petos.		

REPRESENTACIÓN GRÁFICA

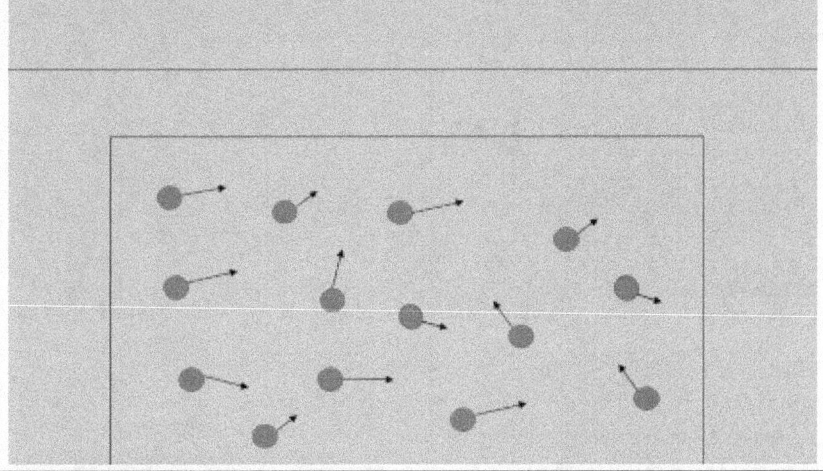

OBSERVACIONES

Se pretende, preparar el organismo de los jugadores para realizar la parte principal de la sesión. Además se integra los juegos tradicionales en una parte de la sesión, como es el calentamiento.

EL GAVILÁN

DESARROLLO DEL EJERCICIO

Un jugador sin balón se coloca en mitad del espacio establecido. Deberá intentar robar el balón de alguno de sus compañeros para conseguir que sean más jugadores los que deben robar balón. Cuando roban un balón el poseedor lo suelta en portería y pasa a robar. Ganará el último jugador en posesión de balón.

VARIANTES	PROGRESIÓN
Modificar superficie de contacto (exterior, interior, planta del pie, habilidad dinámica). Conducción con pierna dominante o no dominante...	No se puede repetir regate (inventar uno cada vez). El jugador que roba sólo puede quitar el balón con su pierna dominante o no dominante.

OBJETIVOS

Adaptar el cuerpo a la actividad que vamos a realizar a través de juegos.

CONTENIDOS

Conducciones, fintas, regates...

ORGANIZACIÓN

Dimensiones	Ancho fútbol 7.k	Duración	8 minutos.
Nº Jug.	15 jugadores.	Fuera de Juego	No.
Materiales	15 balones.		

REPRESENTACIÓN GRÁFICA

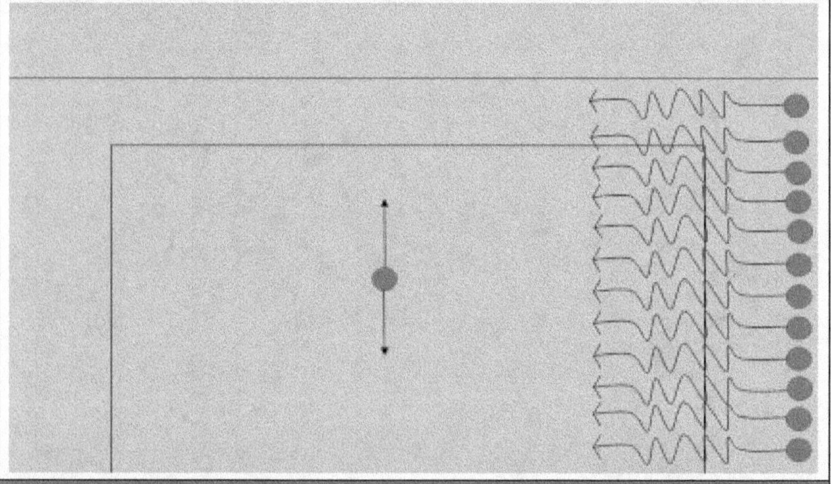

OBSERVACIONES

Con este ejercicio acondicionamos el organismo a la parte principal usando juegos tradicionales. Además mejoramos la conducción con todas las superficies de contacto, así como el regate.

LAS CUATRO ESQUINAS

DESARROLLO DEL EJERCICIO

Grupos de 5 futbolistas, cada uno parte con 3 puntos, colocados en un cuadrado cada uno en una esquina y otro en el centro. A la voz del jugador del centro, todos cambiarán de sitio y el que quede sin esquina pierde un punto y pasará a estar en medio, tomando el rol del compañero. El jugador que se quede sin sus tres puntos pierde.

VARIANTES	PROGRESIÓN
Modificar superficie de contacto (exterior, interior, planta del pie, habilidad dinámica). Modificar el número de contactos para llegar al cono.	No pueden volver al cono del que procedían. Tener que tocar un cono primero e ir luego a otro.

OBJETIVOS

Adaptar el cuerpo a la actividad que vamos a realizar a través de juegos.

CONTENIDOS

Conducción (con las diferentes superficies de contacto), finta...

ORGANIZACIÓN

Dimensiones	10x10 metros.	Duración	10 min.
Nº Jug.	5 jugadores.	Fuera de Juego	No.
Materiales	Balones y juego de semiesferas.		

REPRESENTACIÓN GRÁFICA

OBSERVACIONES

Se pretende mejorar la conducción con las diferentes superficies de contacto a través de un método lúdico. Además, al ir reduciendo los puntos de cada jugador fomentamos la competición.

PEPE Y PEPA

DESARROLLO DEL EJERCICIO

Por parejas, cada jugador con su balón se colocan en fila pegados mirando hacia lados opuestos. Cada pareja tendrá asignado un rol (Cara o Cruz). A la voz del entrenador los jugadores reaccionarán, si dice cara, este tendrá que pillar a su compañero y viceversa.

VARIANTES	PROGRESIÓN
Modificar la superficie con la que deben conducir el balón. Obligatoriedad de un regate original antes de llegar a la línea de banda.	Añadir más estímulos: "Par o impar", "Blanco o negro".

OBJETIVOS

Adaptar el cuerpo a la actividad que vamos a realizar a través de juegos.

CONTENIDOS

Desmarques, pases, conducciones, regates, tiros, apoyos…

ORGANIZACIÓN

Dimensiones	30x12 metros.	Duración	12 min.
Nº Jug.	12 jugadores.	Fuera de Juego	No.
Materiales	Petos y balones.		

REPRESENTACIÓN GRÁFICA

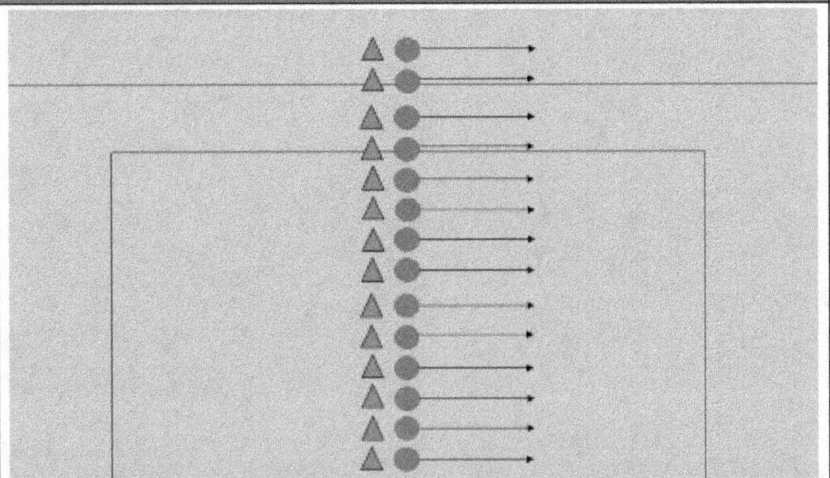

OBSERVACIONES

Pretendemos acondicionar el organismo a la parte principal a través del uso de juegos tradicionales. Además, mejoramos la conducción con todas las superficies de contacto y el regate.

LAS CASAS

DESARROLLO DEL EJERCICIO

Por parejas distribuidos por el área, cada jugador con un balón. Un jugador pillará a su compañero y este para salvarse se colocará al lado de otra pareja. El que la queda irá a pillar al que se encontraba en el lado contrario de la pareja donde se situó el perseguido.

VARIANTES	PROGRESIÓN
Variar superficie de contacto. Obligar a llegar a determinadas zonas antes de ocupar una casa. Conducir con pierna "no dominante".	Determinar un tiempo antes de ocupar alguna de las casas. No vale repetir un mismo regate, inventar uno nuevo cada vez que encaras al que la queda.

OBJETIVOS

Adaptar el cuerpo a la actividad que vamos a realizar a través de juegos.

CONTENIDOS

Conducciones, regates, fintas...

ORGANIZACIÓN

Dimensiones	40x15 metros.	Duración	12 min.
Nº Jug.	14 jugadores.	Fuera de Juego	No.
Materiales	Balones.		

REPRESENTACIÓN GRÁFICA

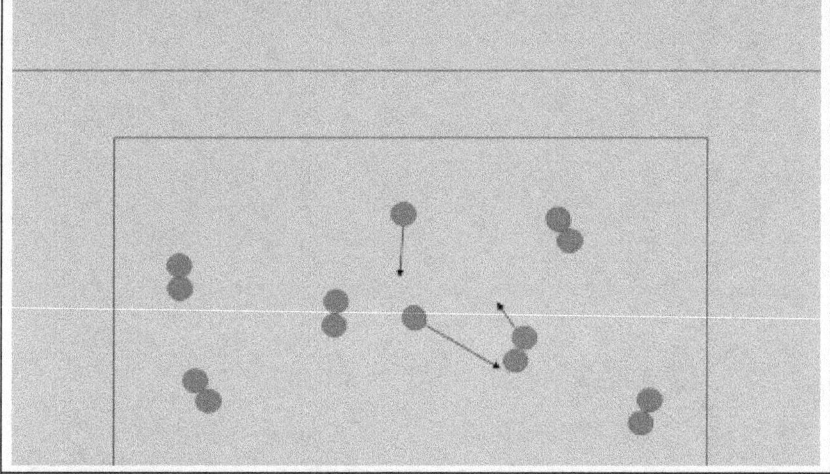

OBSERVACIONES

Con este ejercicio, preparamos a los jugadores para la parte inicial de la sesión de una forma lúdica. Además, mejoramos la conducción de balón y el tiempo de reacción de nuestros jugadores.

EL VIRUS

DESARROLLO DEL EJERCICIO

Un jugador la queda e intenta pillar a algunos de sus compañeros. El que la queda deberá pillar a uno de sus compañero, inmediatamente el pillado pasa a tener que pillar llevando una mano en la zona donde le dieron.

VARIANTES	PROGRESIÓN
Variar superficie de contacto (interior, exterior, planta, habilidad dinámica). Cogerse de la mano. Obligatoriedad de crear regates mientras conducen.	Reducir el espacio en el que deben huir del jugador que la queda. Aumentar el número de jugadores que tienen el rol de pillar a sus compañeros

OBJETIVOS

Adaptar el cuerpo a la actividad que vamos a realizar a través de juegos.

CONTENIDOS

Conducciones, regates, fintas, ayudas permanentes...

ORGANIZACIÓN

Dimensiones	40x15 metros.	Duración	12 min.
Nº Jug.	12 jugadores.	Fuera de Juego	No.
Materiales	12 Balones.		

REPRESENTACIÓN GRÁFICA

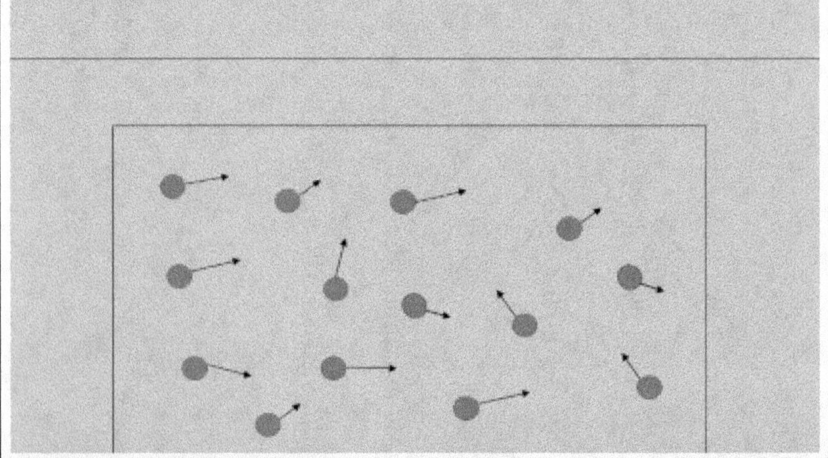

OBSERVACIONES

Con este ejercicio, se pretende, preparar el organismo de nuestros jugadores para realizar la parte principal de la sesión. Además se integrar los juegos tradicionales en el calentamiento.

CALENTAMIENTO + PERCEPCIÓN

DESARROLLO DEL EJERCICIO

Los jugadores van conduciendo y pasando el balón dentro del área. A la voz del entrenador pararán y cerrarán los ojos. Tienen que averiguar qué jugador tienen tanto a su derecha como a su izquierda.

VARIANTES	PROGRESIÓN
Averiguar mientras conducen que compañeros tienen: medias bajadas, botas de determinado color, una pulsera... Modificar superficie de conducción.	Deberán conducir en habilidad dinámica. Inventar un regate original mientras conducen antes de pasar el balón. Reducir las dimensiones del terreno.

OBJETIVOS

Adaptar el cuerpo a la actividad que vamos a realizar a través de juegos.

CONTENIDOS

Pases, conducciones, regates, fintas, control, habilidad dinámica...

ORGANIZACIÓN

Dimensiones	40x15 metros.	Duración	12 min.
Nº Jug.	14 jugadores.	Fuera de Juego	No.
Materiales	Balones.		

REPRESENTACIÓN GRÁFICA

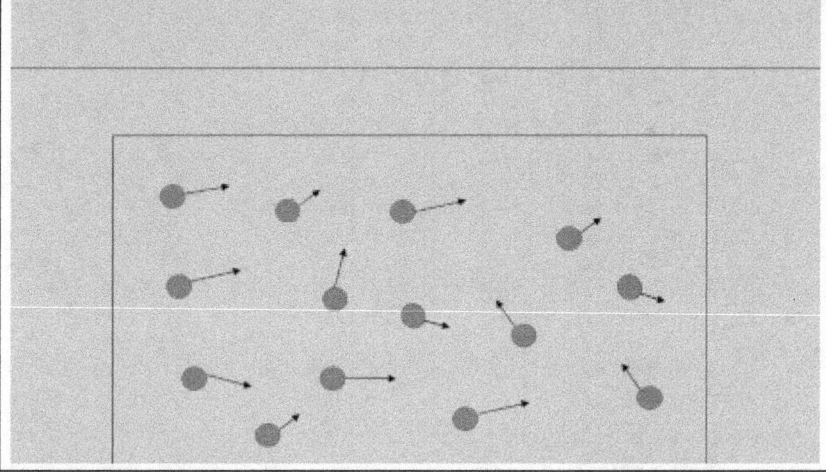

OBSERVACIONES

Se mejora la percepción del jugador con respecto a su entorno en posesión de balón. Trabajamos atención-concentración con preguntas. Fomentamos imaginación con creación de regates.

SALIR DEL ÁREA

DESARROLLO DEL EJERCICIO

Cada jugador con un balón y un adversario. Conducción libre por el área. A la voz del entrenador deberá salir a pillar a su adversario antes de que este llegue a la línea de banda. Cada vez que lo consiga sin ser tocado por el jugador adversario logrará un punto.

VARIANTES	PROGRESIÓN
Modificar superficie de conducción. Crear equipos y sumar puntos por jugadores del mismo equipo. Por tríos, dos dan pases y el otro impide robando.	Será necesario realizar un regate original antes de llegar a la línea de banda. Limitar el tiempo que tienen los jugadores para llegar a la línea de banda.

OBJETIVOS

Adaptar el cuerpo a la actividad que vamos a realizar a través de juegos.

CONTENIDOS

Conducción, habilidad dinámica, regate, finta...

ORGANIZACIÓN

Dimensiones	12x40 metros.	Duración	15 min.
Nº Jug.	12 jugadores.	Fuera de Juego	No.
Materiales	Petos y balones.		

REPRESENTACIÓN GRÁFICA

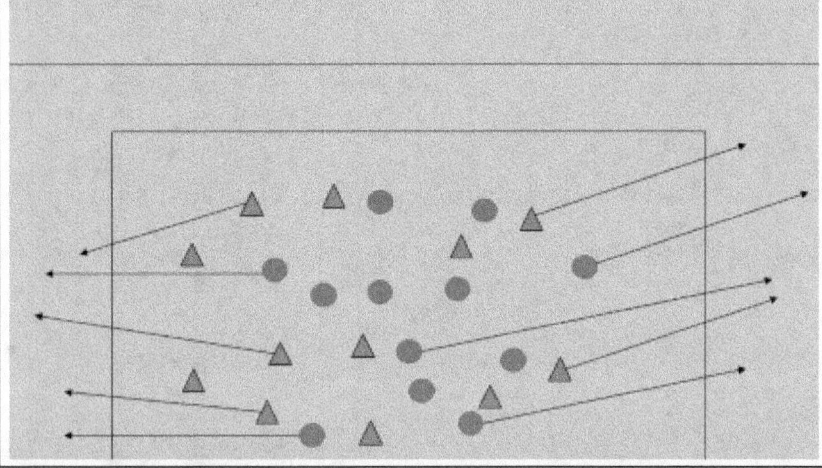

OBSERVACIONES

Pretendemos mejorar la conducción de balón y el tiempo de reacción. Al contar los puntos por equipos fomentamos el compañerismo y la entrega por el equipo.

AGÁCHATE

DESARROLLO DEL EJERCICIO

Cada jugador con un balón por el área, un jugador la queda. El resto deben intentar huir y no ser pillado. Para evitar ser pillado, el jugador debe agacharse antes de que le toque. Una vez agachado, para ser salvado deben saltarte por encima.

VARIANTES	PROGRESIÓN
Modificar superficie de contacto con balón. Modificar la posición del jugador que se agacha (tumbado bocarriba, bocabajo, cuclillas).	Reducir espacio de tarea. Aumentar número de jugadores que la quedan. Obligarles a realizar un regate original mientras huyen.

OBJETIVOS

Adaptar el cuerpo a la actividad que vamos a realizar a través de juegos.

CONTENIDOS

Desmarques, pases, conducciones, regates, tiros, apoyos, ayudas permanentes, control, finta…

ORGANIZACIÓN

Dimensiones	40x15 metros.	Duración	12 min.
Nº Jug.	12 jugadores.	Fuera de Juego	No.
Materiales	Balones.		

REPRESENTACIÓN GRÁFICA

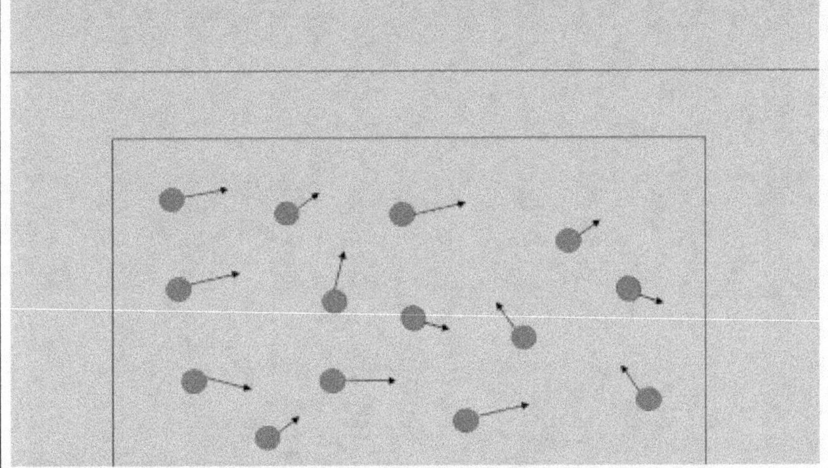

OBSERVACIONES

Con este ejercicio pretendemos mejorar la conducción de balón. Además, al tener que salvar a sus compañeros mediante saltos, estamos entrenando la fuerza de forma lúdica.

PILLAR CON AGRUPACIÓN

DESARROLLO DEL EJERCICIO

Todos con balón, la queda uno. Cuando pille a un compañero, se cogerán de la mano y sin balón deberán intentar pillar a otro compañero. Cuando lo consigan formarán un trío y al coger al siguiente se formarán dos parejas en vez de un cuarteto.

VARIANTES	PROGRESIÓN
Modificar superficie de contacto con balón (planta, interior, exterior, habilidad dinámica). Reducir espacio de tarea.	Primero deben decir el nombre del jugador al que van a intentar pillar. Realizar regates mientras conduce. Estos regates deberán ir cambiando.

OBJETIVOS

Adaptar el cuerpo a la actividad que vamos a realizar a través de juegos.

CONTENIDOS

Desmarques, pases, conducciones, regates, tiros, apoyos, ayudas permanentes, control, finta...

ORGANIZACIÓN

Dimensiones	40x15 metros.	Duración	15 min.
Nº Jug.	12 jugadores.	Fuera de Juego	No.
Materiales	Balones.		

REPRESENTACIÓN GRÁFICA

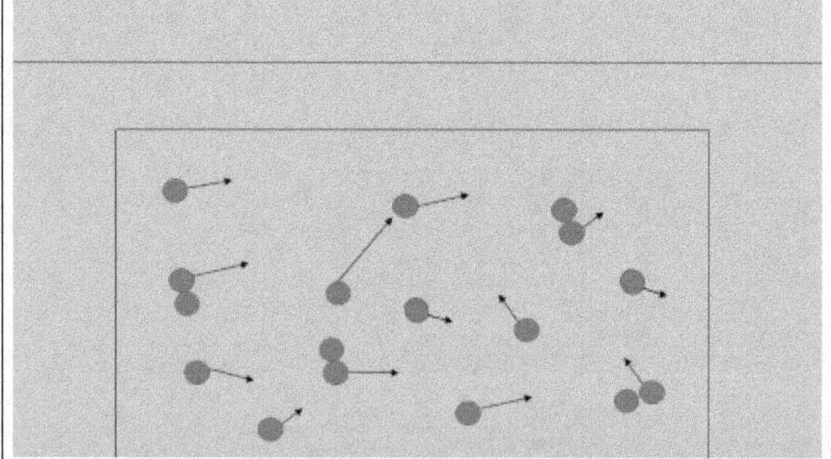

OBSERVACIONES

Se incentiva la comunicación entre jugadores, ya que los que pillan tienen que ponerse de acuerdo para coordinar sus movimientos y conseguir pillar al jugador acordado.

CORTA HILO

DESARROLLO DEL EJERCICIO

Cada jugador con un balón, la queda uno y dice el nombre del jugador al que va a pillar, mientras lo persigue los compañeros se pueden cruzar diciendo "corta hilo". Cuando esto ocurra el perseguidor pasará a pillar al jugador que cortó hilo.

VARIANTES	PROGRESIÓN
Colocar conos en el suelo los cuales no pueden tocar. Colocar zonas a las que tienen que llegar sin ser pillados para lograr hacer punto.	Variar la superficie de contacto. Variar el número de perseguidores.

OBJETIVOS

Adaptar el cuerpo a la actividad que vamos a realizar a través de juegos.

CONTENIDOS

Fintas, conducciones, regates, ayudas permanentes....

ORGANIZACIÓN

Dimensiones	40x15 metros.	Duración	7 min.
Nº Jug.	12 jugadores.	Fuera de Juego	No.
Materiales	Balones.		

REPRESENTACIÓN GRÁFICA

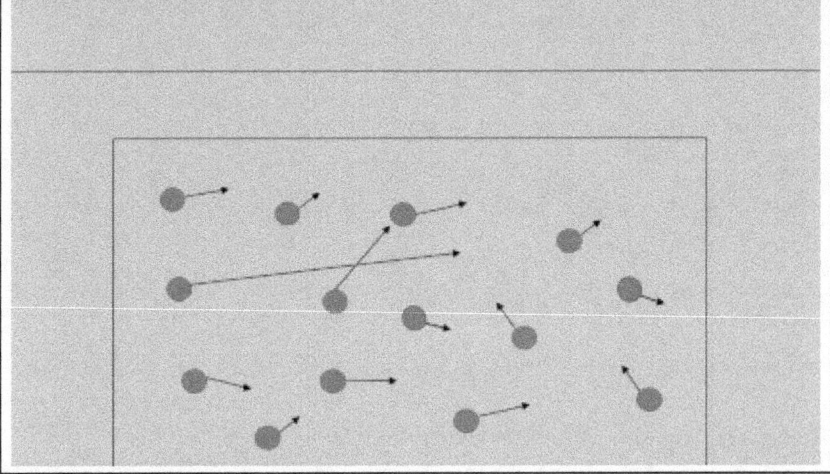

OBSERVACIONES

Se pretende preparar el organismo para realizar la parte principal de la sesión. Además pretende integrar los juegos tradicionales en una parte de la sesión, como es el calentamiento.

Las tareas de posesión consisten en que el equipo que tiene el balón trate de conservarlo el máximo tiempo posible, mientras que el rival trata de arrebatarle dicha posesión.

En la literatura científica, encontramos como los juegos de posesión son similares a los juegos reducidos convencionales, pero con algunas connotaciones diferentes. En el juego reducido la disposición de los jugadores es totalmente aleatoria y la ocupación de espacios no está prefijada, mientras que en el juego de posesión la apropiación del espacio está prefijada, atendiendo a una ocupación inteligente donde los jugadores que mantienen la posesión del balón se colocan de tal forma que la interrelación entre ellos y el espacio sea lo más eficaz y eficiente posible, siendo así posible mantener la posesión del balón durante la ejercitación. El objetivo fundamental de este ejercicio es generar espacios libres a través de movimientos individuales y colectivos, progresando en el juego y en el ataque con una mayor fluidez, fomentando de este modo factores inherentes a la estrategia y a la táctica, con una mayor transferencia a situaciones específicas de juego (Vilamitjana, 2020).

En definitiva, el juego de posesión se podría emplear para estimular las demandas físico-fisiológicas a las que los jugadores están expuestos durante la competición, influyendo profundamente en la carga interna y externa de los jugadores (Vilamitjana, 2020).

Enmarcado dentro de los juegos de posesión encontramos el rondo, Benedek (2001) lo define como un juego de mantenimiento y posesión del balón cuyo objetivo suele ser la conservación del balón mediante pases y recepciones. Dicho elemento dentro de nuestro entrenamiento, nos permite trabajar distintos objetivos técnicos, tácticos, físicos y cognitivos. Si los distintos rondos los realizamos situando a cada jugador en su zona específica, conseguiremos además de los objetivos mencionados anteriormente, proporcionar a nuestro jugador la carga de entrenamiento necesaria. Por ello, la importancia de realizarlo siempre por puestos específicos (Cara, 2020).

Los rondos han ido convirtiéndose en medios básicos dentro del escenario del entrenamiento, dándoles el sitio que merecen en esa valoración del juego y del jugador sobre los principios de la técnica y de la táctica (Portugal, 2006).

El juego del rondo, permite realizar gran cantidad de elementos técnico-táctico en pocos minutos complementándose con una constante percepción y toma de decisiones y, enriqueciendo nuestros entrenamientos y contribuyendo a la formación de nuestros jugadores. Recordando que la técnica se optimiza cuanto más se práctica (Wein, 2004).

Como hemos mencionado, el rondo es un juego de mantenimiento en el que la disposición de los jugadores esta pre-fijada, atendiendo a una ocupación inteligente del espacio en la que los jugadores que mantienen la posesión del balón se colocan de tal forma que la interrelación entre ellos sea lo más eficaz y eficiente posible. Con esto queremos decir que indicándole la intencionalidad y las cualidades que poseen el juego del rondo, podemos trabajar y conseguir que nuestros jóvenes jugadores ocupen el espacio de forma lógica y razonablemente siguiendo y adquiriendo los principio que rige la lógica interna del juego (Martínez, 2010).

En la actualidad, vemos como en los deportes de equipo para que un jugador llegue al más alto nivel se tienen que dar uno de los siguientes casos: que sea un jugador polivalente, que se defienda de forma correcta en varios puestos dentro del campo o que sea el mejor en su puesto (Cara, 2014). Por ello, es importante que las tareas de posesión las abordemos situando a cada jugador lo más próximo a su puesto específico, con ello atenderemos al principio de individualidad y estaremos adaptando el estímulo de entrenamiento a las características individuales de cada jugador.

A continuación podemos observar una batería de tareas de posesión que permiten mejorar la comunicación y conservación del móvil entre los jugadores.

RONDOS MÓVILES

DESARROLLO DEL EJERCICIO

En grupos de 5, en un cuadrado, se colocan uno en cada lado y uno en el medio de cada cuadrado intentando robar el balón.

A la voz del míster: 1: Gatos cambian de rondo; 2: Cambian de lado los de fuera; 3: Todos cambian.

VARIANTES	PROGRESIÓN
Incluir un "gato" más dentro del rondo. Incluir un comodín, que apoye a los jugadores de fuera, por dentro.	Reducir número de toques por jugador. Si el jugador que pasa da dos toques, el que recibe solo tiene uno. Reducir la dimensión del rondo.

OBJETIVOS

Mejorar la capacidad de mantener el balón y aprender valores socio-educativos.

CONTENIDOS

Pase, desmarque de apoyo, apoyos permanentes…

ORGANIZACIÓN

Dimensiones	10x10 metros.	Duración	12 min.
Nº Jug.	10 jugadores.	Fuera de Juego	No.
Materiales	Juego de semiesferas, petos y balones.		

REPRESENTACIÓN GRÁFICA

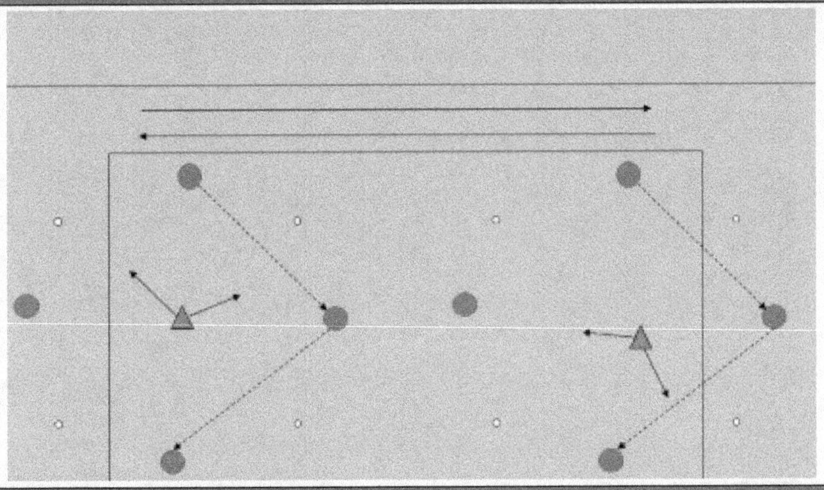

OBSERVACIONES

Este ejercicio trabaja la posesión de balón, además, de mejorar la capacidad de atención de los jugadores, al tener que estar pendientes de otro estímulo, como es, la voz del entrenador.

BUSCA EL TESORO

DESARROLLO DEL EJERCICIO

Un rondo de 6 jugadores y otro de 5 jugadores dentro de estos 6 intentando recuperar el balón. Dentro de estos 5, un pivote al que deben pasar el balón. Gana el equipo que pasa más balones al pivote en un tiempo determinado. Tras 6 minutos cambian roles.

VARIANTES	PROGRESIÓN
Colocaremos dos pivotes en vez de uno solamente. Prohibiremos los pases por encima de los jugadores defensores.	Los jugadores deberán realizar pases con pierna no dominante. Reduciremos espacio para que los pases al pivote sean más precisos.

OBJETIVOS

Mejorar la capacidad de mantener el balón y aprender valores socio-educativos.

CONTENIDOS

Pase, fintas, desmarques, ayudas permanentes, apoyos...

ORGANIZACIÓN

Dimensiones	20x20 metros.	Duración	12 min.
Nº Jug.	12 jugadores.	Fuera de Juego	No.
Materiales	Juego de semiesferas, petos y balones.		

REPRESENTACIÓN GRÁFICA

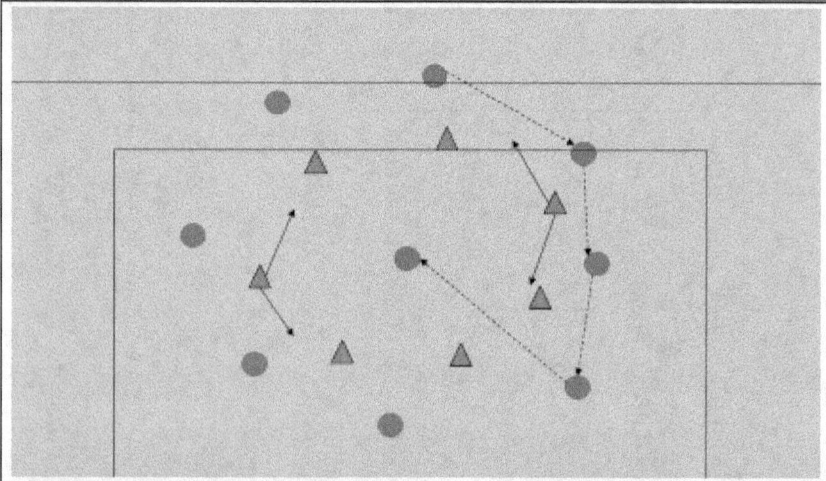

OBSERVACIONES

Se pretende que el balón circule creando espacios para poder dar pase al jugador "pivote". Los pases deberán tener la precisión, dirección y fuerza adecuada para que el "pivote" pueda controlar.

RONDO 4+1 + GIRO

DESARROLLO DEL EJERCICIO

Planteamos un rondo unido por un jugador a otro rondo. Ambos rondos estarán formados por un 4x1. Cuando en un rondo se cumplan los objetivos marcados (dar un número de toques, que todos toquen el balón), el jugador que los une puede girar y cambiar al otro rondo.

VARIANTES

No permitir los balones por encima de la cintura. Modificar dimensiones del terreno. No pisar el balón. Limitar el tiempo para cambiar al otro rondo.

PROGRESIÓN

Aumentar número de jugadores que roban. Reducir el número de toques que puede dar cada jugador. Aumentar el número de toques para girar al otro rondo.

OBJETIVOS

Mejorar la capacidad de mantener el balón y aprender valores socio-educativos.

CONTENIDOS

Control, pase, apoyos, ayudas permanentes y cambio de orientación.

ORGANIZACIÓN

Dimensiones	10x20 metros.	Duración	12 min.
Nº Jug.	9 jugadores.	Fuera de Juego	No.
Materiales	Balones y juegos de semiesfera.		

REPRESENTACIÓN GRÁFICA

OBSERVACIONES

Se trabajan los cambios de orientación. El ejercicio hace hincapié en que los jugadores de la periferia del rondo no estén estáticos, deben hacer desmarque de apoyo al jugador que tiene balón.

RONDO + PAÑUELITO

DESARROLLO DEL EJERCICIO

Realizamos dos rondos 4x2+1 comodín. Cada jugador de cada rondo tiene un número asignado, Se sigue la dinámica normal del rondo pero cuando el entrenador grite uno de los números, estos deberán salir e intentar meter el balón en la portería.

VARIANTES	PROGRESIÓN
Comodín por dentro del rondo. Modificar superficie de contacto de balón, número de toques o dimensiones del rondo.	Aumentar el número de jugadores que roban. El estímulo del entrenador serán operaciones matemáticas.

OBJETIVOS

Mejorar la capacidad de mantener el balón, mejorar la finalización a portería y aprender valores socio-educativos.

CONTENIDOS

Conducción, regate, tiro, remate, pase, apoyos, ayudas permanentes, finta...

ORGANIZACIÓN

Dimensiones	Medio campo F7.	Duración	12 min.
Nº Jug.	13 jugadores.	Fuera de Juego	No.
Materiales	Semiesferas, petos, balones y una portería.		

REPRESENTACIÓN GRÁFICA

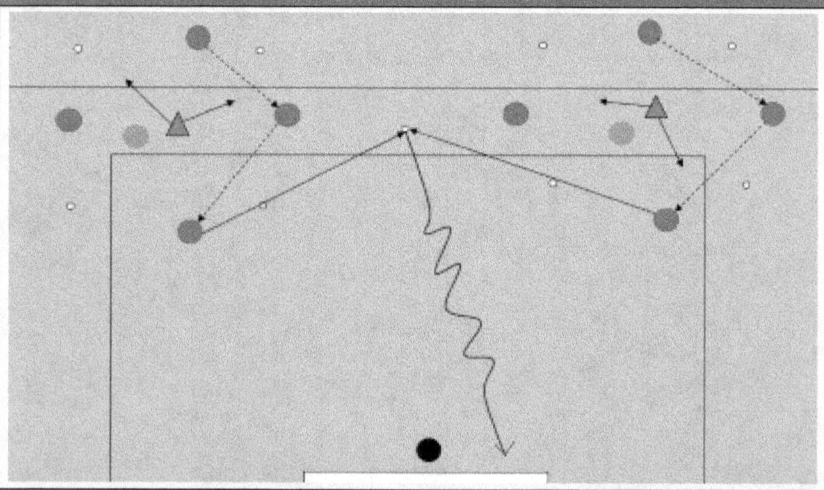

OBSERVACIONES

Se mejora la capacidad de concentración del futbolista. Se trabaja finalización 1x1 + portero, se producen acciones de alta intensidad que deben resolver los jugadores.

RONDO 4x2 CON PROGRESIÓN

DESARROLLO DEL EJERCICIO

Colocados los jugadores como muestra el gráfico, se inicia el rondo. Cuando se dan 4 pases consecutivos, se podrá cambiar hacia el otro rondo (se cambian los jugadores de apoyo en banda y los que roban). Si hay robo de balón, se intercambian roles los jugadores.

VARIANTES	PROGRESIÓN
Comodín por dentro del rondo. Modificar superficie de contacto de balón, numero de toques o dimensiones del rondo.	Reducir el número de toques por jugador. Si el jugador que pasa da dos toques, el que recibe solo tiene uno Reducir la dimensión del rondo.

OBJETIVOS

Mejorar la capacidad de mantener el balón y aprender valores socio-educativos.

CONTENIDOS

Pase, finta, apoyos, desplazamientos, presión, ayudas permanentes...

ORGANIZACIÓN

Dimensiones	15x30 metros.	Duración	12 min.
Nº Jug.	7 jugadores.	Fuera de Juego	No.
Materiales	Semiesferas, petos, balones y petos.		

REPRESENTACIÓN GRÁFICA

OBSERVACIONES

Se provoca el giro del jugador al enlazar 4 pases. Se premia la rapidez del cambio de rondo tras conseguir objetivo para que el jugador que espera pase tenga más opciones y tiempo de ejecución.

POSESIÓN 4X4 + COMODÍN Y PROGRESIÓN

DESARROLLO DEL EJERCICIO

4x4 + comodín en subespacio de 25x20. Otros 4 jugadores esperan en subespacio de las mismas dimensiones. Un equipo mantiene posesión de balón, cuando defensas roban, pasan balón a equipo del otro espacio. Se intercambian roles de los equipos.

VARIANTES

Añadir otro comodín. Aumentar o reducir el número de jugadores por equipo. Determinar que no se pueden dar pases por encima de la cintura.

PROGRESIÓN

Reducir espacio de posesión. Limitar número de toques máximo por jugador. Pases solo pueden realizarse con la pierna no dominante.

OBJETIVOS

Mejorar la capacidad de mantener el balón y aprender valores socio-educativos.

CONTENIDOS

Conducción, regate, tiro, remate, pase, apoyos, ayudas permanentes, finta...

ORGANIZACIÓN

Dimensiones	25x40metros.	Duración	12 min.
Nº Jug.	10 jugadores.	Fuera de Juego	No.
Materiales	Petos, balones y juego de semiesferas.		

REPRESENTACIÓN GRÁFICA

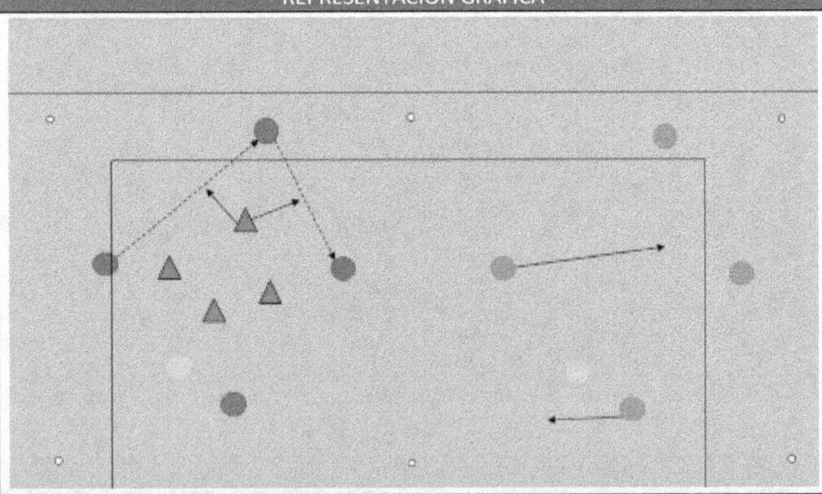

OBSERVACIONES

Se pretende que tras pérdida haya una organización de los mismos para recuperar balón. Además se obliga a los jugadores que recuperan balón a pasar a zona alejada.

POSESIÓN ALTERNATIVA

DESARROLLO DEL EJERCICIO

Dos cuadrados consecutivos de 10x10 metros cada uno. En uno hay 3 jugadores del equipo A y uno del B (defensa) y en el otro 2 del B que esperan a que su compañero robe y les pase balón para intercambiar roles. Gana quien mantiene balón más tiempo en 2 partes de 5 minutos.

VARIANTES	PROGRESIÓN
Aumentar el número de jugadores por cuadrado. Añadir un comodín en ataque o defensa. Modificar las dimensiones del espacio.	Limitar número de toques por jugador y el tiempo que tiene el jugador defensor para robar el balón. Recuperar el balón antes que el rival de más de 5 toques.

OBJETIVOS

Mejorar la capacidad de mantener el balón y aprender valores socio-educativos.

CONTENIDOS

Conducción, regate, tiro, remate, desmarques...

ORGANIZACIÓN

Dimensiones	10x20metros.	Duración	12 min.
Nº Jug.	6 jugadores.	Fuera de Juego	No.
Materiales	Petos, balones y juego de semiesferas.		

REPRESENTACIÓN GRÁFICA

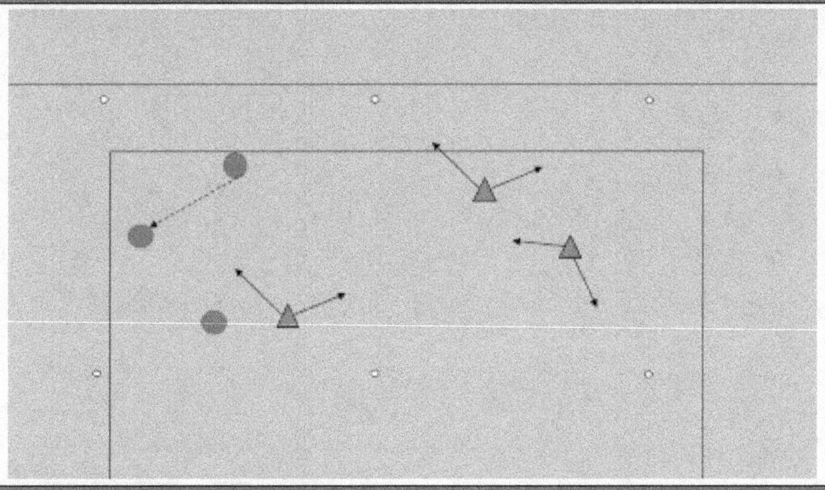

OBSERVACIONES

Se pretende trabajar las ayudas permanentes. Además, se obliga a los jugadores que recuperan a pasar el balón a zona alejada. Con la limitación de tiempo se aumenta intensidad de defensores.

POSESIÓN CON ZONA PIVOTE

DESARROLLO DEL EJERCICIO

Dos equipos de 6 jugadores con 3 comodines. Se realiza una posesión con una zona pivote con un jugador de cada equipo. Intentarán pasar al pivote de su equipo para conseguir punto. El equipo con balón podrá meter otro jugador en zona pivote.

VARIANTES	PROGRESIÓN
Modificar el número de comodines, con el fin de aumentar o disminuir la dificultad del ejercicio. Modificar el tamaño de la zona pivote.	Limitar número de toques (3, 2, 1) por jugador y el número de toques por jugador.

OBJETIVOS

Mejorar la capacidad de mantener el balón y aprender valores socio-educativos.

CONTENIDOS

Conducción, regate, desmarques, ayudas permanentes, control, pase…

ORGANIZACIÓN

Dimensiones	Medio campo F7.	Duración	15 min.
Nº Jug.	15 jugadores.	Fuera de Juego	No.
Materiales	Petos, balones y juego de semiesferas.		

REPRESENTACIÓN GRÁFICA

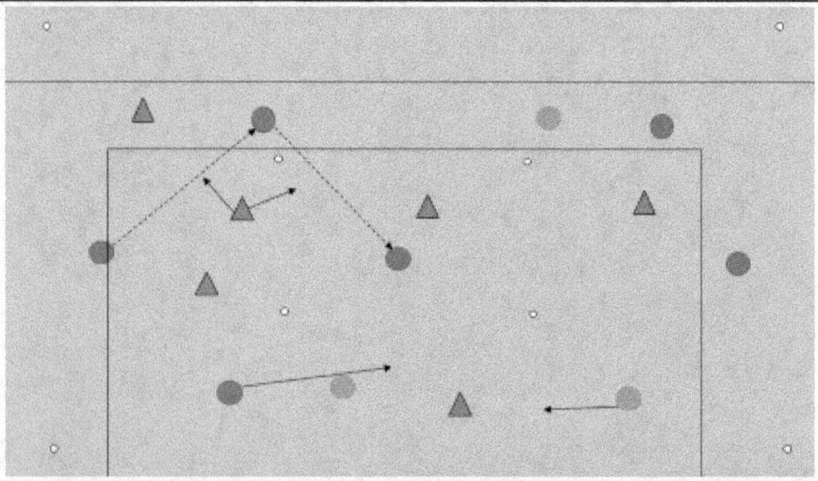

OBSERVACIONES

El centro del juego es la zona pivote y no el balón. Los jugadores deberán fijar sus objetivos en ella, ya que será el pase dentro de la misma el que les dará el punto.

POSESIÓN CON RELEVO

DESARROLLO DEL EJERCICIO

Nos organizamos en 2 equipos de 7, 5 estarán por dentro y dos comodines por fuera. Intentarán dar 7 pases seguidos y conseguirán punto. Cuando jueguen con un comodín este tendrá que intercambiarse la posición con el jugador que le pasó el balón.

VARIANTES	PROGRESIÓN
Añadir un comodín en ataque o defensa. Modificar el espacio en el que se realiza la tarea.	Limitar el toque por jugador. Deben jugar con los dos comodines para hacer punto.

OBJETIVOS

Mejorar la capacidad de mantener el balón y aprender valores socio-educativos.

CONTENIDOS

Conducción, regate, desmarques, ayudas permanentes, control, pase…

ORGANIZACIÓN

Dimensiones	Medio campo F7.	Duración	20 min.
Nº Jug.	14 jugadores.	Fuera de Juego	No.
Materiales	Petos, balones y juego de semiesferas.		

REPRESENTACIÓN GRÁFICA

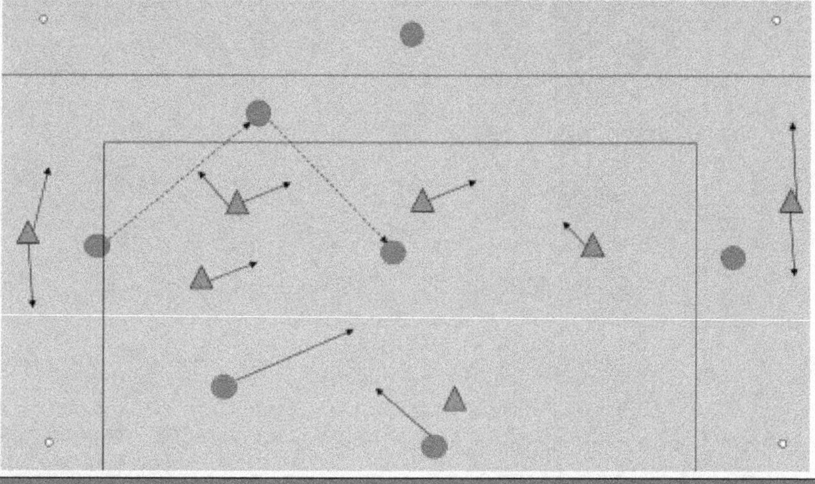

OBSERVACIONES

Se pretende que los jugadores lleven el balón a la zona donde se concentran menos jugadores rivales. Además, aumentamos la concentración con la norma de intercambiar la posesión.

POSESIÓN DE 3 EQUIPOS + PRESIÓN

DESARROLLO DEL EJERCICIO

3 equipos. Equipo A ataca y tiene de objetivo salir de la presión del Equipo B y pasar al Equipo C que espera en otra zona. Si roba el equipo B realiza pase de seguridad al equipo C. Si el equipo no logra recuperar, seguirá defendiendo al equipo C en el otro campo.

VARIANTES	PROGRESIÓN
Determinar el número de pases antes de pase en profundidad. Modificar el espacio en el que se realiza la tarea.	Limitar el toque por jugador. Dos toques máximo por jugador.

OBJETIVOS

Mejorar la capacidad de mantener el balón y aprender valores socio-educativos.

CONTENIDOS

Conducción, regate, desmarques, ayudas permanentes, control, pase...

ORGANIZACIÓN

Dimensiones	Área de fútbol.	Duración	20 min.
Nº Jug.	21 jugadores.	Fuera de Juego	No.
Materiales	Petos, balones y juego de semiesferas.		

REPRESENTACIÓN GRÁFICA

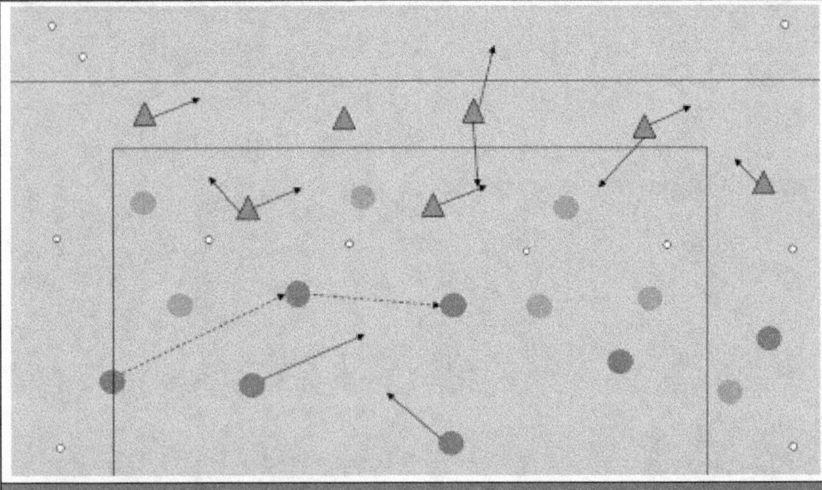

OBSERVACIONES

Se pretende que los jugadores lleven el balón a zona de concentración de menos rivales.

La finalización es la fase del juego ofensivo, cercana al área rival, en la que el jugador busca terminar la jugada en la portería contraria. Además, podemos considerar finalización la acción concreta de terminar una jugada, pudiendo ser esta una ocasión de peligro o un gol en la portería rival. En concreto, los ejercicios en los que se produzcan tiros o lanzamientos a portería son un buen recurso para mejorar el rendimiento de nuestros jugadores y de nuestro equipo.

Para poder aumentar el número de acciones de finalización por partido, debemos enseñar a nuestros jugadores a generar ocasiones para terminar la jugada en la portería rival. Podemos considerar que la finalización es la meta final de nuestra jugada, para ello, necesitamos crear unas bases para que nuestros jugadores puedan establecer patrones de movimiento en la fase final del juego y crear un gran número de situaciones de peligro.

La utilización de estos ejercicios de finalización en nuestra sesión de entrenamiento, va a requerir de una serie de pautas a tener en cuenta. En primer lugar, no debemos de utilizarlos al inicio de la sesión, ya que la gran cantidad de golpeos y lanzamientos pueden provocar lesiones si el organismo no ha sido preparado para estas acciones. En segundo lugar, debemos de realizar este tipo de tareas los días de entrenamiento que tengamos menor carga física o los días previos al partido de competición.

El trabajo de finalización va a ser fundamental, pero antes debemos conseguir que el equipo consiga llevar el balón a la zona final del campo. Para ello, debemos trabajar la posesión de balón, posteriormente proponer tareas de progresión y, una vez, estos patrones del juego están consolidados, proponer tareas de finalización.

A continuación podemos observar una batería de tareas de finalización que permiten la mejora en la progresión hacia portería y la finalización de nuestro equipo.

3x1 + 3x2

DESARROLLO DEL EJERCICIO

3 jugadores colocados en medio campo (atacantes), un defensor tras línea continua y 2 defensores en los palos. Se realiza un 3x1 y si lo sobrepasan se enfrentarán a un 3x2. Si los defensores roban deberán intentar meter en balón en las porterías pequeñas.

VARIANTES	PROGRESIÓN
Si los atacantes tardan más de 10 segundos en finalizar, el defensor que presionaba en la primera zona, puede incorporarse a defender.	Antes de superar líneas deben tocar balón todos los atacantes. Limitar número de pases antes de finalizar. Aumentar defensores por zonas.

OBJETIVOS

Progresar y finalizar la jugada/ Desarrollar parámetros motrices de los jugadores.

CONTENIDOS

Conducción, regate, tiro, remate, desmarques…

ORGANIZACIÓN

Dimensiones	Medio campo F7.	Duración	12 min.
Nº Jug.	7 jugadores.	Fuera de Juego	No.
Materiales	Petos, semiesferas, balones y porterías.		

REPRESENTACIÓN GRÁFICA

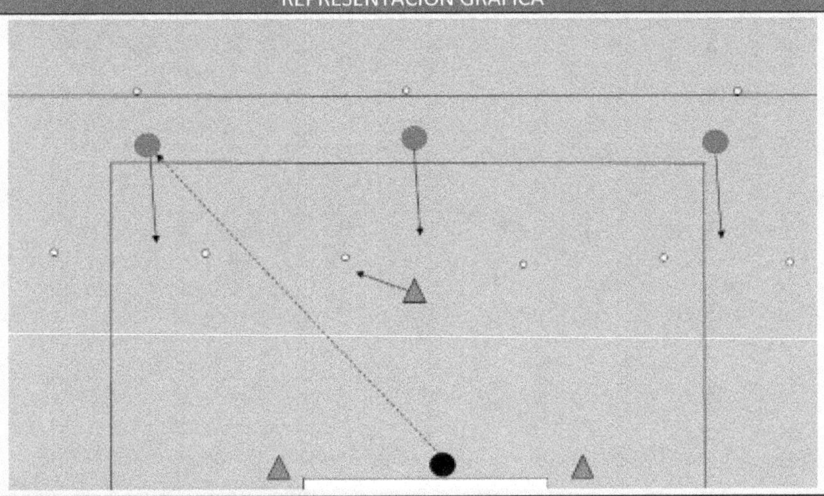

OBSERVACIONES

Este ejercicio no pretende ser una receta, con él se intenta dar herramientas para la mejora y reflexión de entrenadores.

FINALIZACIÓN EN TRES FASES

DESARROLLO DEL EJERCICIO

En medio campo de fútbol 7, lo dividimos en tres zonas (peligro, creación y finalización). En zona de peligro 3x2, en zona de creación 2x2+1 jugador que entra de la zona de peligro y en zona de finalización 2x1. Deben progresar a portería y finalizar pasando por las tres fases.

VARIANTES	PROGRESIÓN
Meter un comodín libre por todas las zonas. Obligar a dar un mínimo o máximo de toques por jugador.	Colocaremos igualdad numérica en las tres zonas. Obligar a pasar por la zona de creación antes de finalizar.

OBJETIVOS

Ejercicios para mejorar la finalización a portería e inculcar valores socio-deportivos.

CONTENIDOS

Conducción, regate, tiro, remate, desmarques de apoyo, desmarques de ruptura, pase...

ORGANIZACIÓN

Dimensiones	Medio campo F7.	Duración	12 min.
Nº Jug.	13 jugadores.	Fuera de Juego	No.
Materiales	Portería, semiesferas, petos y balones.		

REPRESENTACIÓN GRÁFICA

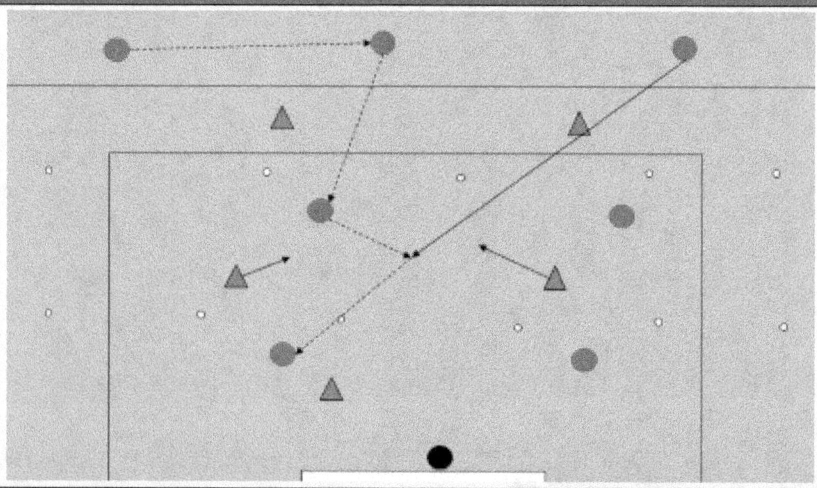

OBSERVACIONES

Es necesario explicar las diferentes fases, las cuales se extrapolan a un campo normal de fútbol 7 o de fútbol 11, señalando las particularidades de cada una.

2x1 EN DOS ZONAS

DESARROLLO DEL EJERCICIO

2 equipos y dos zonas (creación y finalización). En cada zona se juega un 2x1. El portero saca en largo a zona de creación. Los atacantes deben dar 3 pases antes de pasar de zona. Los defensores para puntuar deberán de robar y realizar una pared.

VARIANTES	PROGRESIÓN
Añadir 1 defensor cada 10 segundos en caso de que no halla robo. Aumentar número de jugadores: 3x2, 2x2, 3x3...	Aumentar número de pases antes pasar de zona. Reducir el espacio en el que mantienen la posesión de balón.

OBJETIVOS

Ejercicios para mejorar la finalización a portería e inculcar valores socio-deportivos.

CONTENIDOS

Conducción, regate, tiro, remate, desmarques, pases, finta, apoyos, ayudas permanentes...

ORGANIZACIÓN

Dimensiones	Medio campo F7.	Duración	15 min.
Nº Jug.	13 jugadores.	Fuera de Juego	No.
Materiales	Portería, semiesferas, petos y balones.		

REPRESENTACIÓN GRÁFICA

OBSERVACIONES

Se pretende mejorar la toma de decisión en situaciones de 2x1. Se puede añadir el objetivo de finalizar con el mínimo de toques posibles. Se debe hacer hincapié en los movimientos ofensivos en zona de finalización.

POSESIÓN 3x2 + ATAQUE 4x2

DESARROLLO DEL EJERCICIO

3x2 en medio campo con objetivo de dar 5 toques. Tras ello, se juega con una banda y se inicia el ataque con 3 atacantes y un jugador de banda contra 2 defensores que salen de los palos. Cambio de roles tras la mitad de tiempo.

VARIANTES	PROGRESIÓN
Aumentar el número de jugadores. Modificar espacio de juego. Permitir que otro jugador de banda también se sume al ataque.	Aumentar el número de toques antes de pasar a banda. Reducir el tiempo en el que deben finalizar el ataque. Igualdad numérica en posesión: 3x3.

OBJETIVOS

Ejercicios para mejorar la finalización a portería e inculcar valores socio-deportivos.

CONTENIDOS

Conducción, regate, tiro, remate, desmarques, fintas, pase, recepción, acciones técnico-tácticas del portero...

ORGANIZACIÓN

Dimensiones	Medio campo F7.	Duración	15 min.
Nº Jug.	13 jugadores.	Fuera de Juego	No.
Materiales	Portería, semiesferas, petos y balones.		

REPRESENTACIÓN GRÁFICA

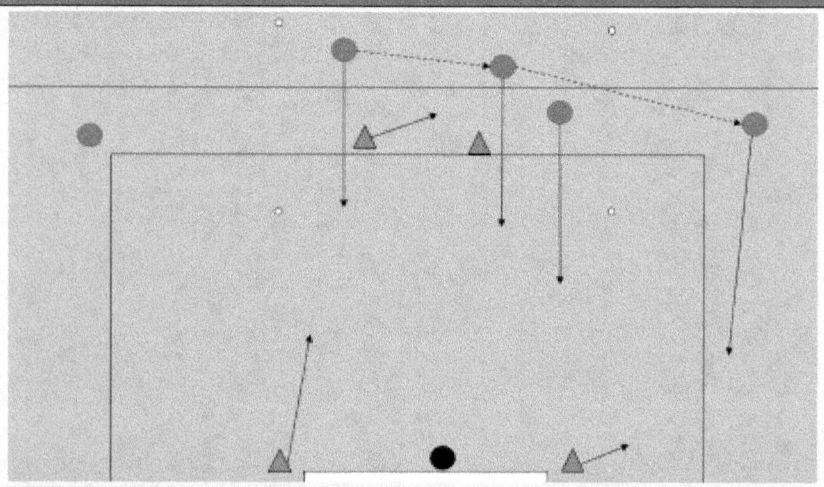

OBSERVACIONES

Se pretende mejorar la posesión de balón con posterior organización ofensiva. Muy importante en la posesión hacer hincapié en la creación de líneas de pases para progresar a portería.

POSESIONES 3x1 Y 1x1 + FINALIZACIÓN

DESARROLLO DEL EJERCICIO

Se juega un 3x1 en el cuadrado central (15x15) y en los otros dos cuadrados (5x5) se juega un 1x1. A cada banda se le asigna un número como estímulo para comenzar. Se siguen las indicaciones del gráfico en cuanto a movimientos de defensores y atacantes.

VARIANTES	PROGRESIÓN
Añadir comodín en rondos. Modificar espacio para la posesión. Aumentar el número de jugadores en defensa.	Limitar tiempo en finalizar la acción. Limitar número de toques. Cambiar estímulo auditivo a visual (petos color rojo: izquierda; azul, derecha).

OBJETIVOS

Progresar y finalizar la jugada/ Desarrollar parámetros motrices de los jugadores.

CONTENIDOS

Conducción, regate, tiro, remate, desmarques, apoyos, pase, control, interceptación, acciones técnico-tácticas del portero....

ORGANIZACIÓN

Dimensiones	Medio campo F7.	Duración	20 min.
Nº Jug.	10 jugadores.	Fuera de Juego	No.
Materiales	Portería, picas, semiesferas, petos y balones.		

REPRESENTACIÓN GRÁFICA

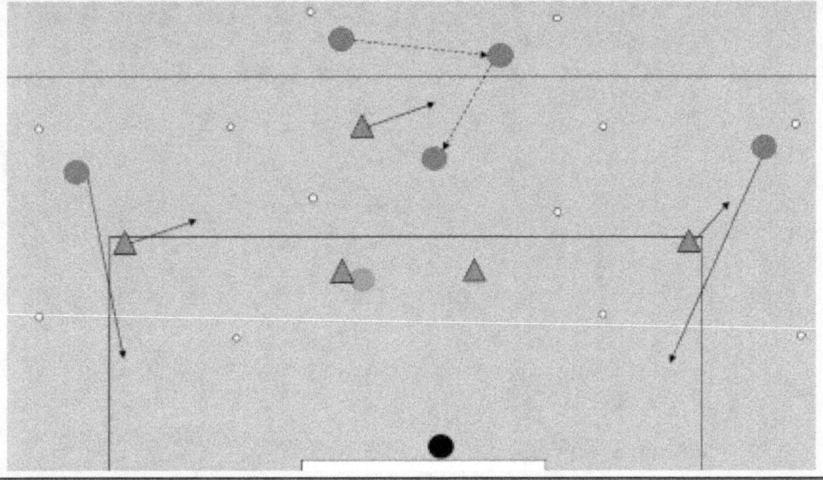

OBSERVACIONES

Con este ejercicio se pretende mejorar la finalización a portería, además a los jugadores se les exige estar pendientes de varios estímulos, como son la voz del entrenador y el propio balón.

2x1 POR NÚMEROS

DESARROLLO DEL EJERCICIO

4 grupos de 3 jugadores, que realizarán un 2x1 en distintas zonas. Atacará un miembro de cada grupo y defenderá un miembro del grupo restante. Cada grupo tendrá asignado un número, que saldrá a realizar la acción según número asignado por el entrenador.

VARIANTES	PROGRESIÓN
Aumentar el número de jugadores 3x1, 3x2, 2x2...Unir dos parejas y que realicen un 4x2. Estímulo asignado a operaciones matemáticas.	Realizar el último pase con pierna no dominante. Limitar número de toques antes de finalizar. Reducir espacio de la tarea.

OBJETIVOS

Ejercicios para mejorar la finalización a portería e inculcar valores socio-deportivos.

CONTENIDOS

Conducción, regate, tiro, remate, desmarques, ayudas permanentes, control pase, finta...

ORGANIZACIÓN

Dimensiones	Medio campo F7.	Duración	15 min.
Nº Jug.	13 jugadores.	Fuera de Juego	No.
Materiales	Portería, balones, juego de semiesferas y petos.		

REPRESENTACIÓN GRÁFICA

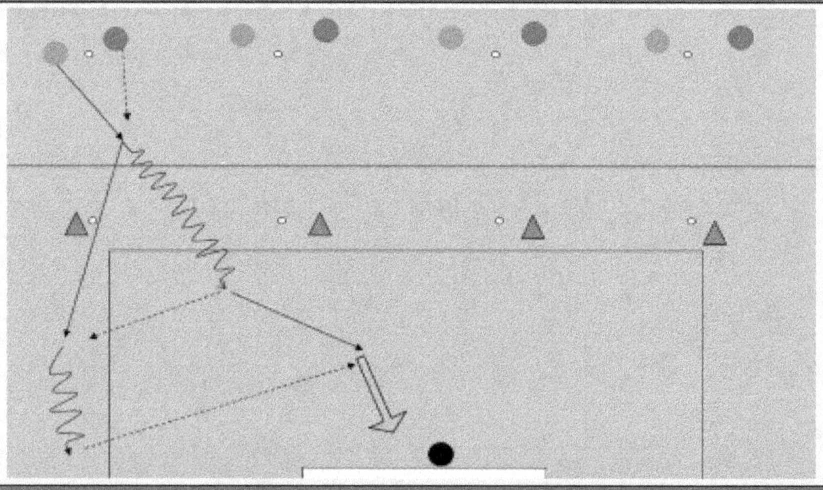

OBSERVACIONES

Se pretende mejorar la finalización de 2x1 a portería. Además se ponen en práctica todos los elementos técnico-tácticos trabajados durante la semana.

REACCIÓN + FINALIZACIÓN

DESARROLLO DEL EJERCICIO

6 Jugadores atacan y 6 defienden. Realizarán un 3x1, delante de cada jugador se encontrarán 3 conos a los que se les asignarán un número y el entrenador dirá un número de 3 cifras. Los jugadores deberán tocar los conos en el orden citado previo a la acción.

VARIANTES	PROGRESIÓN
Modificar el número de jugadores que atacan o defienden. Modificar el tiempo que tienen disponible para definir a portería.	Reducir el número de toques por jugador. Reducir el número de pases antes de finalizar a portería. Obligar a definir al primer toque.

OBJETIVOS

Ejercicios para mejorar la finalización a portería e inculcar valores socio-deportivos.

CONTENIDOS

Conducción, regate, tiro, remate, desmarques, ayudas permanentes, control, pase, finta...

ORGANIZACIÓN

Dimensiones	Medio campo F7.	Duración	15 min.
Nº Jug.	13 jugadores.	Fuera de Juego	No.
Materiales	Portería, balones, juego de semiesferas y petos.		

REPRESENTACIÓN GRÁFICA

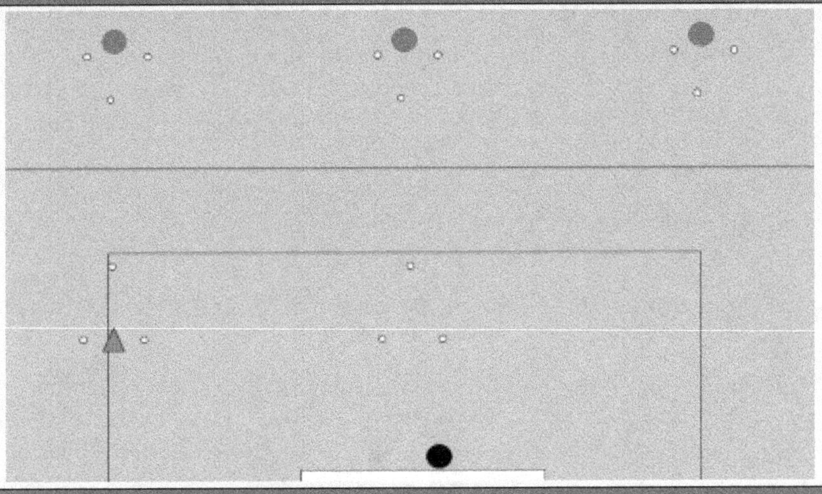

OBSERVACIONES

Con este ejercicio, pretendemos mejorar la finalización a portería en superioridad numérica. A la vez, mejoramos la capacidad de atención y de reacción de nuestros jugadores.

1x1 + 2x1

DESARROLLO DEL EJERCICIO

Nos organizamos en 2 equipos. 2 jugadores atacan, teniendo que pasar por unas barreras humanas con un regate. Una vez superadas, saldrá un defensor del poste para realizar un 2x1. Previamente se pondrán de acuerdo de que jugador de los dos es el que soltará el balón.

VARIANTES	PROGRESIÓN
Aumentar o disminuir el número de jugadores atacantes y defensores. Deben de finalizar al primer toque. Máximo/mínimo tres toque por jugador.	No repetir el tipo de regate. Disminuir el espacio por el que deben de pasar la barrera humana. Deben definir en 4 toques.

OBJETIVOS

Ejercicios para mejorar la finalización a portería e inculcar valores socio-deportivos.

CONTENIDOS

Conducción, regate, tiro, remate, desmarques, pase, control, finta, ayudas permanentes...

ORGANIZACIÓN

Dimensiones	Medio campo F7.	Duración	15 min.
Nº Jug.	Mínimo 6 jug.	Fuera de Juego	No.
Materiales	Portería, balones, juego de semiesferas y petos.		

REPRESENTACIÓN GRÁFICA

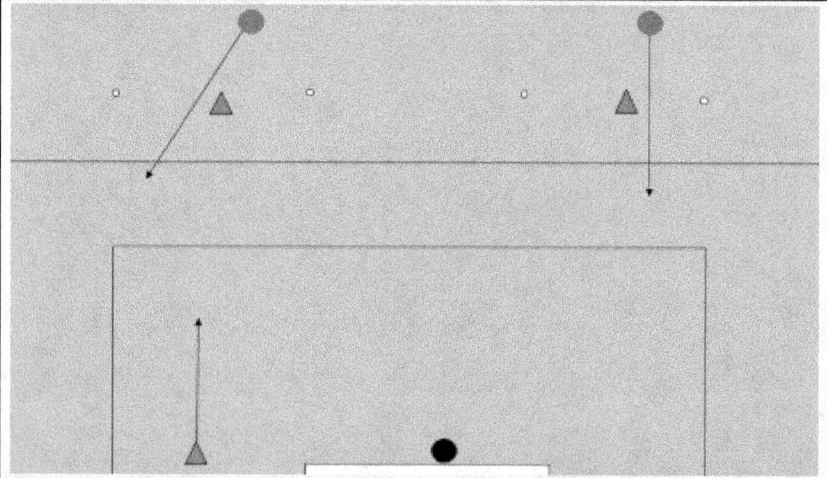

OBSERVACIONES

Se mejora la finalización en superioridad numérica. Con la variante mínimo 3 toques, se pretende que el jugador trabaje el proteger el balón. Se fomenta la creatividad al cambiar el tipo de regate.

VELOCIDAD 2x1 + 3x2

DESARROLLO DEL EJERCICIO

La primera acción (color azul en gráfico) se realiza 2x1 (Jugador A y 2 atacan y 1 defensor) previo a un trabajo de velocidad. Segunda acción será 3x2 (color rojo en gráfico) con defensor 1 y 2 (jugador que pierde balón o finaliza el 2x1) tras saque de portero.

VARIANTES	PROGRESIÓN
Añadir elementos coordinativos y/o condicionales antes del trabajo: escaleras, vallas, aros, sentadillas, saltos, etc. Modificar espacio de tarea.	Posibilidad de iniciar la tarea con pasividad defensiva para facilitar la misma.

OBJETIVOS

Mejorar 2x1 y 3x2. Mejorar finalización a portería con oposición real y superioridad numérica. Mejorar capacidades físicas básicas.

CONTENIDOS

Conducción, regate, desmarques, fintas, ayudas permanentes, pase, control, …

ORGANIZACIÓN

Dimensiones	Medio campo F7.	Duración	20 min.
Nº Jug.	15 jugadores.	Fuera de Juego	No.
Materiales	Portería, balones, juego de semiesferas y petos.		

REPRESENTACIÓN GRÁFICA

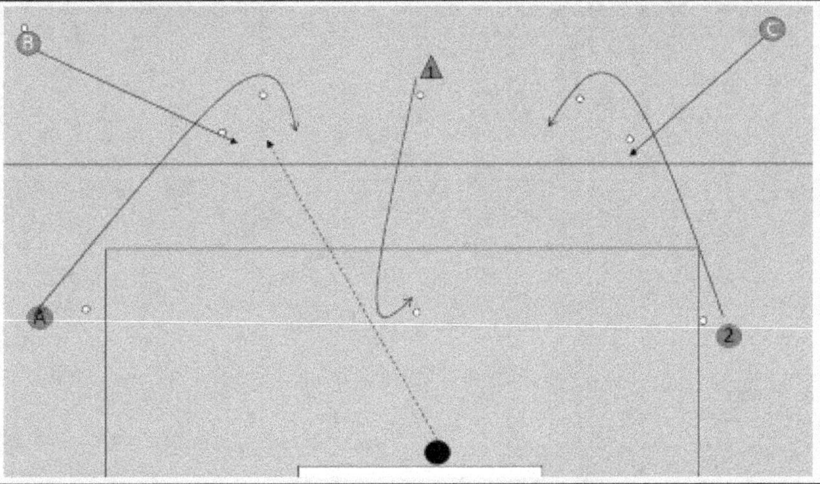

OBSERVACIONES

Se pretende mejorar aspectos ofensivos: superación de líneas y finalización con superioridad en 2x1 y 3x2, incidiendo en fijar a un oponente para creación de líneas de pases. Se recomienda porteros.

REACCIÓN + 1x1

DESARROLLO DEL EJERCICIO

Por parejas un jugador en frente del otro con un cono a cada lado. El que se encuentra frente a portería elige un cono y fila de vallas, el otro jugador debe de ir los contrarios. El primero en llegar coge un balón e inicia el ataque, el otro defiende. Cambio de roles.

VARIANTES

Modificar superficie de contacto con balón. Modificar el estímulo para salir a tocar el cono. Modificar el modo de finalización cada vez que la realizamos.

PROGRESIÓN

Finalización con pierna no dominante. Limitar el tiempo disponible para finalizar a portería. Obligar a regatear al rival antes de finalizar.

OBJETIVOS

Ejercicios para mejorar la finalización a portería e inculcar valores socio-deportivos.

CONTENIDOS

Conducción, regate, tiro, remate, acciones técnico-tácticas del portero, finta…

ORGANIZACIÓN

Dimensiones	Medio campo F7.	Duración	15 min.
Nº Jug.	3 jugadores.	Fuera de Juego	No.
Materiales	Vallas, portería, balones, petos y semiesferas.		

REPRESENTACIÓN GRÁFICA

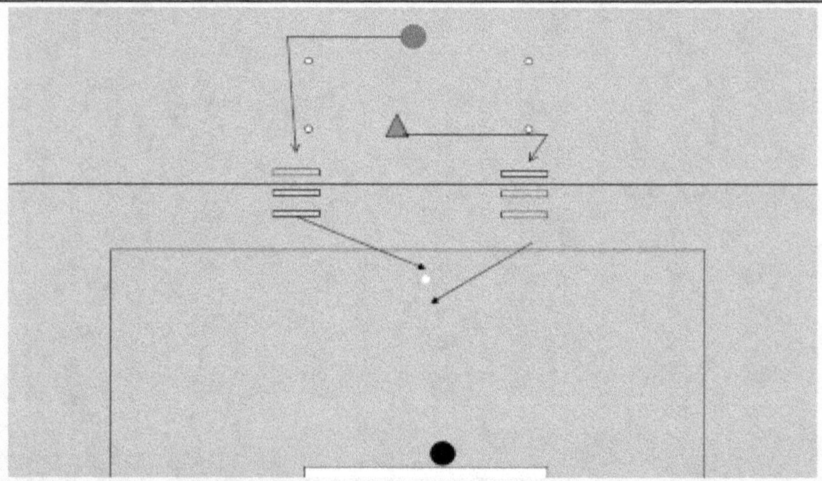

OBSERVACIONES

Se mejora tiempo de reacción y atención, al introducir estímulo visual para comenzar acción. Además, trabajamos finalización con adversario 1x1.

5. PARTIDOS MODIFICADOS

En los deportes colectivos, es importante generar los estímulos necesarios para crear mejoras en el rendimiento de nuestros jugadores/as. Para ellos, podemos utilizar como herramienta los partidos o juegos modificados. Según Fradua (1999), en el entrenamiento de equipos se pueden utilizar partidos amplios y situaciones jugadas para mejorar la compenetración del equipo (11 jugadores) o la forma de posicionarse.

Actualmente, existen estudios cuyo principal objetivo es estimar la intensidad de entrenamiento en jugadores de fútbol de élite durante un partido de fútbol así como en diferentes sesiones de entrenamiento de fútbol (partido modificado, entrenamiento táctico y técnico) por medio del uso de los valores de frecuencia cardiaca (Eniseler, 2006).

Los juegos o partidos modificados se encuentran inmersos en todas las propuestas de enseñanza comprensiva de los deportes. Sin embargo, al revisar la literatura, se halla un número reducido de trabajos que analizan el efecto de la modificación deportiva sobre el rendimiento de juego, toma de decisiones y ejecución técnico-táctica.

Blomqvist et al. (2005), al observar el rendimiento de juego de jóvenes jugadores de fútbol de 14-15 años en tres juegos de fútbol modificados por representación (uno de conservar la posesión del balón, otro de avanzar hacia la meta contraria y otro de conseguir gol), hallaron un número significativamente mayor de decisiones y acciones en el juego de conservar la posesión del balón. Además, al analizar el proceso de toma de decisiones, estos autores afirmaron que las decisiones a tomar en el rol jugador atacante con balón (JacB) eran más fáciles que las decisiones a tomar en el rol jugador atacante sin balón (JasB).

Contreras et al. (2001), utiliza como criterio de progresión en su propuesta los principios tácticos planteados por Bayer y el tipo de comunicación que se realiza en el juego modificado (cooperación, oposición o cooperación-oposición). De manera que para estos autores, sería recomendable utilizar juegos modificados sin oposición y gradualmente aumentar la complejidad del principio táctico aumentando el número de jugadores. Por tanto se podría comenzar realizando juegos individuales y juegos de conservación del balón de 1 contra 1, 2 contra 1, 2 contra 2... para después realizar juegos modificados de avanzar hacia la meta contraria y por último marcar gol.

En esta misma línea, Lago (2002), propone cinco fases en la iniciación al fútbol en las que aumenta la complejidad atendiendo al tiempo y al espacio. Así, podrían utilizarse en primer lugar juegos modificados denominados episodios de duelo individuales (juegos de 1 contra 1), para después realizar juegos que comprendan las interacciones entre dos o más entornos en los que actúan los jugadores, dentro de la estructura funcional del juego (situaciones de superioridad numérica de 3 contra 1, 4 contra 2...). Después, relacionar yo-compañero/os-adversario-os en situaciones de igualdad numérica. Y por último, una fase o macrosistema de juego en el que se desarrollan las nociones espacio-tiempo y la relación yo-balón-equipo-adversarios.

En cualquier caso, lo más relevante de este tipo de iniciación al fútbol es que se utiliza el juego modificado en torno a dos elementos clave para una enseñanza de calidad: el tiempo de compromiso motor y el proceso cognitivo (Serra, García y Sánchez, 2011).

Según Serra, García y Sánchez (2011), se recomienda la utilización del juego modificado como instrumento de evaluación del rendimiento de juego, toma de decisiones y ejecución técnico-táctica, siempre y cuando los criterios de evaluación preestablecidos hayan sido fundamentados, lo que supone que el juego modificado resulte en un juicio de valor coherente.

A continuación, se expone una batería de tareas de partidos modificados que permiten trabajar los principios técnico-tácticos en situaciones simuladas reales competitivas.

PARTIDO A 3 PORTERÍAS

DESARROLLO DEL EJERCICIO

En medio campo de fútbol 7 con tres porterías y 3 equipos de 5 futbolistas. Juegan dos equipos contra uno con intención de hacer gol. Cuando roba el equipo que la queda pasa a atacar hacia la portería del que perdió con el otro equipo de 5 jugadores.

VARIANTES	PROGRESIÓN
Colocar uno o varios comodines ofensivos. Colocar uno o varios comodines que ayuden en la presión al equipo que intenta robar balón.	Marcar un número mínimo de pases para poder atacar a portería. Marcar un tiempo máximo para poder hacer gol.

OBJETIVOS

Ejercicios para mejorar la finalización a portería e inculcar valores socio-deportivos.

CONTENIDOS

Conducción, regate, tiro, remate, desmarques de apoyo, desmarques de ruptura, fintas...

ORGANIZACIÓN

Dimensiones	Medio campo F7.	Duración	12 min.
Nº Jug.	15 jugadores.	Fuera de Juego	Sí.
Materiales	Tres porterías, balones y 10 petos (5 de cada color).		

REPRESENTACIÓN GRÁFICA

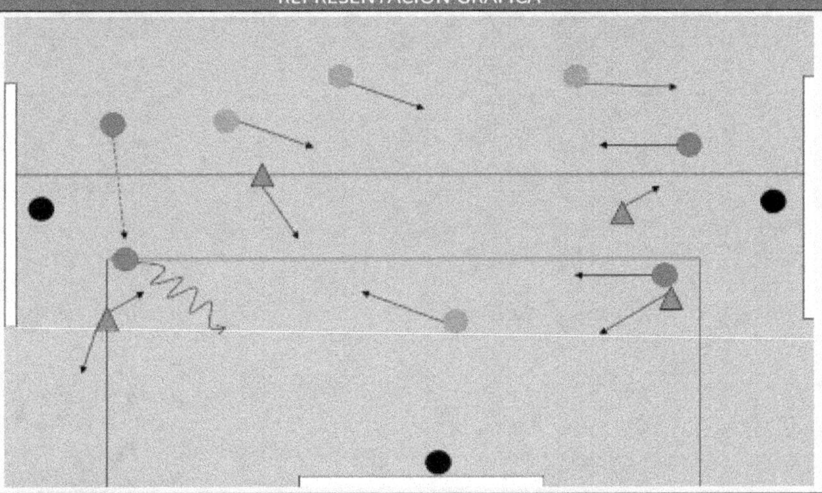

OBSERVACIONES

Con la presencia de comodines interiores se provocan continuos desmarques de apoyo además, con el uso de juegos reducidos mejoramos la resistencia a la fatiga del jugador.

PARTIDO A BANDAS

DESARROLLO DEL EJERCICIO

Dos equipos (6 + portero). Campo dividido en 3 pasillos, situándose 1 jugador en cada pasillo lateral y 4 en el centro. Los del centro deben pasar a los laterales para que estos centren sin oposición. Goles de cabeza desde centro valen 3 puntos y normales 1 punto.

VARIANTES	PROGRESIÓN
Colocar un comodín que ayude al equipo que en ese momento tenga el balón.	Reducir el número de toques por jugador. Prohibir pisar el balón para darle más velocidad al juego. Permitir el 1x1 en banda.

OBJETIVOS

Ejercicios para mejorar la finalización a portería e inculcar valores socio-deportivos.

CONTENIDOS

Conducción, regate, tiro, remate, desmarques de apoyo, desmarques de ruptura, pase, control...

ORGANIZACIÓN

Dimensiones	Medio campo F7.	Duración	15 min.
Nº Jug.	14 jugadores.	Fuera de Juego	Sí.
Materiales	Dos porterías, balones, 6 petos y semiesferas.		

REPRESENTACIÓN GRÁFICA

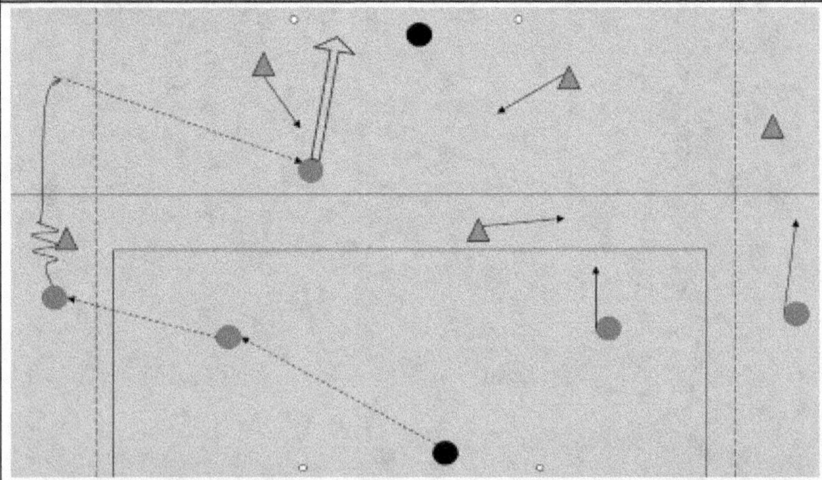

OBSERVACIONES

Se mejoran entradas por banda y los centros al área. Las variantes y progresiones nos permiten provocar cambios en el juego del equipo y trabajar aspectos que en ese momento nos interesan.

PARTIDO 4 PORTERÍAS

DESARROLLO DEL EJERCICIO

En medio campo, tres equipos de 4 jugadores. Uno defiende con sus 4 futbolistas las 4 porterías de conos de 6 metros. Mientras los otros dos equipos disputan el balón. A los cinco minutos cambian de roles. Gana el equipo que marca más goles en los 15 minutos.

VARIANTES	PROGRESIÓN
Deben dar 5 pases antes de marcar. Colocar un comodín que ayude al equipo que posee el balón. Colocar un comodín que ayude al equipo que defiende.	Obligarlos a jugar con su pierna no dominante. Obligarlos a jugar con dos toques por jugador. Reducir o aumentar el espacio.

OBJETIVOS

Ejercicios para mejorar la finalización a portería e inculcar valores socio-deportivos.

CONTENIDOS

Conducción, regate, tiro, remate, desmarques, ayudas permanentes, fintas, cabeceo...

ORGANIZACIÓN

Dimensiones	Medio campo F7.	Duración	15 min.
Nº Jug.	12 jugadores.	Fuera de Juego	No.
Materiales	Juego de semiesferas, petos y balones.		

REPRESENTACIÓN GRÁFICA

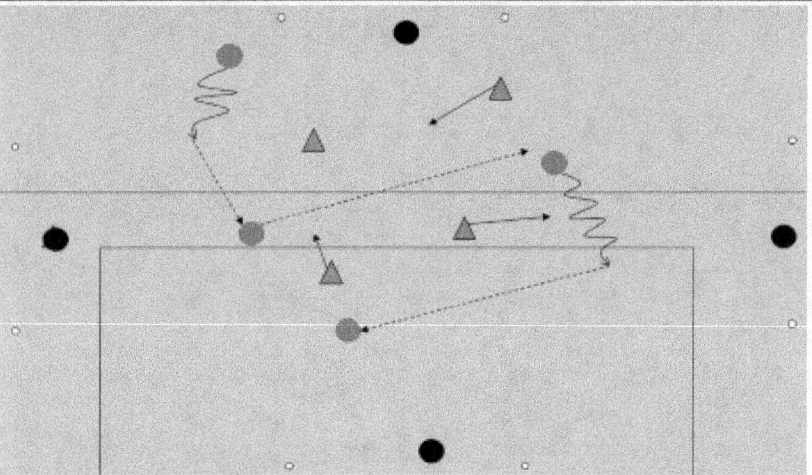

OBSERVACIONES

Se pretende mejorar los perfiles de nuestros jugadores. Al intentar anotar en la portería que existan menos número de rivales es necesario estar continuamente cambiando de sentido.

PARTIDO 3x3x3 EN OLEADAS

DESARROLLO DEL EJERCICIO

Partido mitad campo. Un trío ataca, si hace gol, vuelve a atacar y si pierden, defensores inician ataque al equipo que defiende en la otra portería. Gana el conjunto que más goles marque en el tiempo estipulado.

VARIANTES	PROGRESIÓN
Aumento el número de jugador por equipo. Añadir un comodín en ataque. Obligar a dar un número determinado de toques antes de atacar.	Limitar el número de toques por jugador. Limitar el tiempo para hacer gol. Añadir un defensor más si el ataque de uno de los equipos se prolonga.

OBJETIVOS

Ejercicios para mejorar la finalización a portería e inculcar valores socio-deportivos.

CONTENIDOS

Conducción, regate, tiro, remate, desmarques, pase, recepción, interceptación, acciones técnico-tácticas del portero...

ORGANIZACIÓN

Dimensiones	Medio campo F7.	Duración	15 min.
Nº Jug.	12 jugadores.	Fuera de Juego	No.
Materiales	Porterías, juego de petos, semiesferas y balones.		

REPRESENTACIÓN GRÁFICA

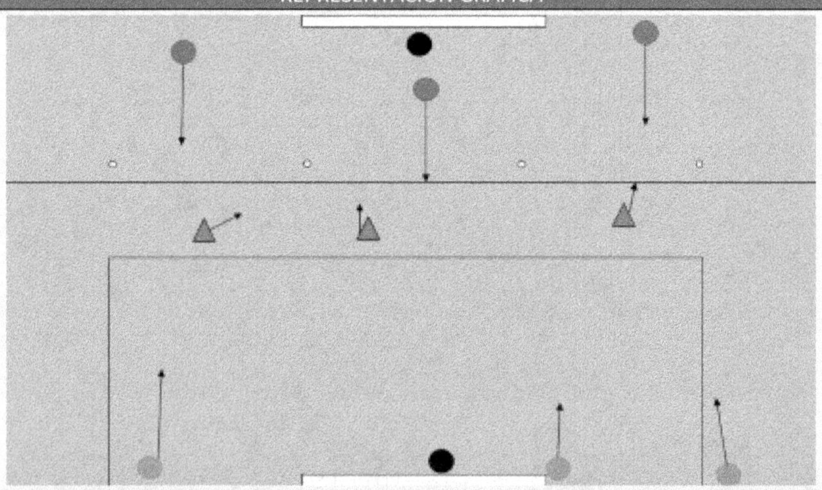

OBSERVACIONES

Se pretende mejorar la velocidad de los ataques y la necesidad de finalizar y hacer gol. En esta tarea se premia el gol ya que si consiguen anotar, tienen la posibilidad de repetir ataque.

COMPETICIÓN FÚTBOL 3

DESARROLLO DEL EJERCICIO

Se realizarán dos mini partidos de fútbol 3 de 7 minutos. Al pasar estos jugarán los ganadores y perdedores de ambos partidos, creándose una clasificación: 1º 4 puntos; 2º 3 puntos; 3º 2 punto y el 4º 1 puntos.

VARIANTES	PROGRESIÓN
Aumentar el número de jugadores. Utilizar un jugador comodín en ataque. Variar las dimensiones de la superficie de juego.	Limitar el número de toques por jugador. Obligar a dar un número de pases antes de hacer gol. Limitar el tiempo para finalizar en portería.

OBJETIVOS

Ejercicios para mejorar la finalización a portería e inculcar valores socio-deportivos.

CONTENIDOS

Conducción, regate, tiro, remate, desmarques, pase, control, interceptación, ayudas permanentes...

ORGANIZACIÓN

Dimensiones	15X25 metros.	Duración	15 min.
Nº Jug.	12 jugadores.	Fuera de Juego	No.
Materiales	Porterías, juego de petos, semiesferas y balones.		

REPRESENTACIÓN GRÁFICA

OBSERVACIONES

Se pretende que los jugadores se diviertan, trabajando y poniendo en práctica todos los conceptos aprendidos de forma reducida. Además, incentivamos la competición con sistema de clasificación.

PARTIDO 4x4 + COMODÍN + 4 POR FUERA

DESARROLLO DEL EJERCICIO

Nos dividiremos en 3 grupos de 4 jugadores. Disputarán un partido de 4x4 y dos porteros + 1 comodín. El equipo restante se colocará por fuera para ayudar al equipo poseedor de balón. A los 5 minutos se cambiarán los roles.

VARIANTES	PROGRESIÓN
Reducir o aumentar las dimensiones de terreno donde se produce el ejercicio. Reducir o aumentar el número de comodines.	Limitar el tiempo para finalizar a portería. Obligar a finalizar a portería al primer toque. Añadir un comodín en defensa.

OBJETIVOS

Ejercicios para mejorar la finalización a portería e inculcar valores socio-deportivos.

CONTENIDOS

Conducción, regate, tiro, remate, desmarques, ayudas permanentes, fintas, pase, control...

ORGANIZACIÓN

Dimensiones	Medio campo F7.	Duración	20 min.
Nº Jug.	15 jugadores.	Fuera de Juego	Sí..
Materiales	2 porterías, petos, semiesferas y balones.		

REPRESENTACIÓN GRÁFICA

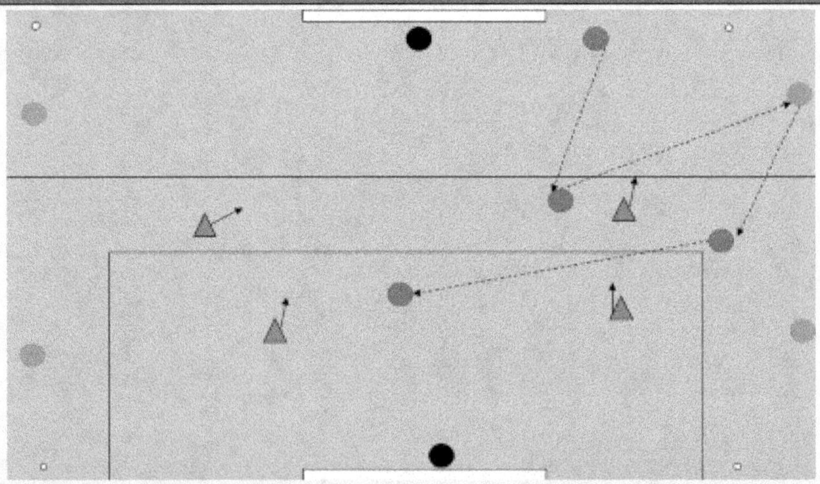

OBSERVACIONES

Se pretende poner en práctica los conceptos técnico-tácticos trabajados durante la sesión. Con las progresiones que proponemos, nos aseguramos la velocidad en el juego.

PARTIDO ATAQUE + CONTRAATAQUE

DESARROLLO DEL EJERCICIO

Dos equipos de 6 jugadores. Se realiza un 6x3. El balón siempre se inicia desde la portería de los 6 atacantes. Si el equipo de 3 roba el balón deberán de realizar un contraataque y defenderán los jugadores que estén por detrás del balón del equipo de 6.

VARIANTES	PROGRESIÓN
Reducir o aumentar el espacio del terreno de juego donde se produce el ejercicio. Añadir un comodín.	Aumentar el número de jugadores encargados de defender. Limitar el número de toques por jugador. Obligar a finalizar al primer toque.

OBJETIVOS

Ejercicios para mejorar la finalización a portería e inculcar valores socio-deportivos.

CONTENIDOS

Conducción, regate, tiro, remate, desmarques, pase, control, finta, ayudas permanentes...

ORGANIZACIÓN

Dimensiones	Medio campo F7.	Duración	15 min.
Nº Jug.	11 jugadores.	Fuera de Juego	Sí.
Materiales	Portería, petos, balones y juego de semiesferas.		

REPRESENTACIÓN GRÁFICA

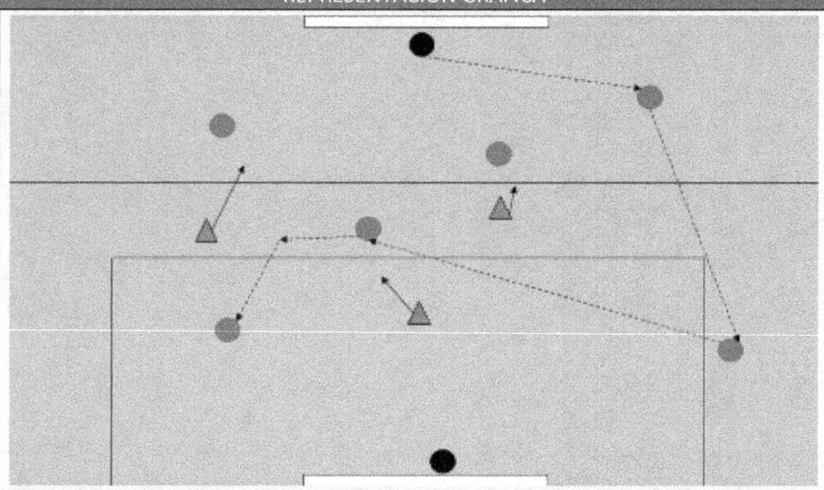

OBSERVACIONES

Se mejora la organización del equipo. Se obliga a la línea defensiva a que no se adelante en demasía, ya que solo los jugadores que queden por detrás podrán defender si pierden balón.

PARTIDO MINIPORTERÍAS COLORES

DESARROLLO DEL EJERCICIO

Dos equipos juegan un partido en el que existen miniporterías de distintos colores para los dos equipos y con las cuales consiguen puntos cada vez que pasan por ellas. Cada gol por miniportería 1 punto y cada gol en portería reglamentaria 2 puntos.

VARIANTES	PROGRESIÓN
Añadir comodín ofensivo. Colocar diferente puntuación en las distintas miniporterías. Cambiar una portería reglamentaria por dos miniporterías alejadas.	Finalizar en 3 miniporterías antes de en la reglamentaria. Finalizaciones al primer toque. Finalizar en miniporterías mediante un pase-control.

OBJETIVOS

Ejercicios para mejorar la finalización a portería e inculcar valores socio-deportivos.

CONTENIDOS

Conducción, regate, tiro, remate, desmarques, control, pase, ayudas permanentes...

ORGANIZACIÓN

Dimensiones	Medio campo F7.	Duración	15 min.
Nº Jug.	11-12 jugadores.	Fuera de Juego	Sí.
Materiales	Miniportería, petos, balones y semiesferas.		

REPRESENTACIÓN GRÁFICA

OBSERVACIONES

Intentamos que nuestros jugadores entiendan que un pase correcto, hacia una zona concreta, puede ser tan valioso como un gol en portería reglamentaria.

PARTIDO DE POSESIÓN CON PORTERÍAS ALEJADAS

DESARROLLO DEL EJERCICIO

Dos equipos de 4 jugadores. Se divide en campo en 2 zonas de 13 metros y una central de 20 metros. Se debe hacer gol en porterías de precisión (3metros), entre las dos porterías de precisión debe haber 25 metros de distancia, desde la distancia de 13 metros. No vale marcar gol de tiro libre en la reanudación del juego.

VARIANTES	PROGRESIÓN
Añadir un comodín en ataque o defensa. Modificar las dimensiones a las que se encuentra las porterías de precisión.	Obligar a dar 5 pases antes de finalizar. Obligar a que todos los jugadores del equipo toquen el balón antes de finalizar.

OBJETIVOS

Ejercicios para mejorar la finalización a portería e inculcar valores socio-deportivos.

CONTENIDOS

Conducción, regate, tiro, remate, desmarques, control, pase, finta, ayudas permanentes...

ORGANIZACIÓN

Dimensiones	Medio campo F7.	Duración	20 min.
Nº Jug.	8 jugadores.	Fuera de Juego	No.
Materiales	Petos, balones, juego de semiesferas y conos.		

REPRESENTACIÓN GRÁFICA

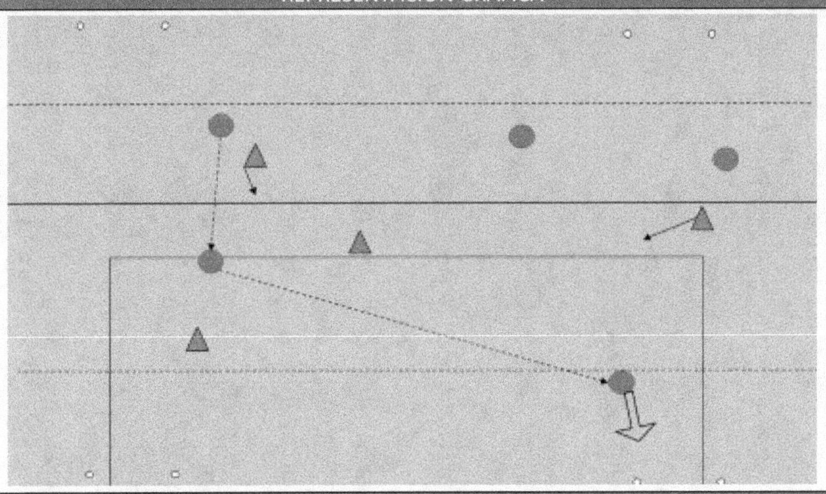

OBSERVACIONES

Mejoramos la precisión en la finalización, intentando que finalicen en miniporterías mientras sus rivales impiden o dificultan que lo hagan con éxito.

PARTIDO REDUCIDO

DESARROLLO DEL EJERCICIO

Dos equipos de 7 jugadores. Se reduce el terreno de juego considerablemente, aproximadamente 20x20 metros. Dos porteros tratan de no encajar goles. Gana el equipo que más goles marca en el tiempo determinado.

VARIANTES	PROGRESIÓN
Añadir un comodín en ataque o defensa. Modificar las dimensiones a las que se encuentra las porterías.	Obligar a dar 5 pases antes de finalizar.

OBJETIVOS

Ejercicios para mejorar la finalización a portería e inculcar valores socio-deportivos.

CONTENIDOS

Conducción, regate, tiro, remate, desmarques, control, pase, finta, ayudas permanentes...

ORGANIZACIÓN

Dimensiones	⅔ campo.	Duración	20 min.
Nº Jug.	14 jugadores.	Fuera de Juego	No.
Materiales	Petos, balones, juego de semiesferas y conos.		

REPRESENTACIÓN GRÁFICA

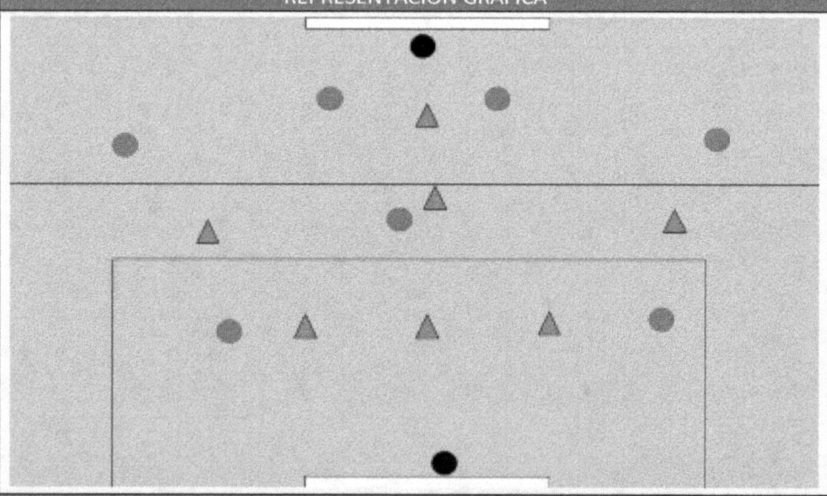

OBSERVACIONES

Con esta tarea pretendemos que nuestros jugadores aumenten el número de lanzamientos por minuto, además su precisión a la hora de definir.

6. CONCLUSIÓN

El diseño de los microciclos de entrenamiento resulta fundamental a la hora de planificar una temporada, ya que es la herramienta más importante de la programación al estar condicionada la calidad del proceso de entrenamiento por su estructura y contenido.

El microciclo se emplea para planificar entrenamientos a corto plazo, por lo que la selección y diseño de las tareas que vamos a proponer es muy importante para generar la adaptación y mejora que esperamos en nuestros jugadores.

La propuesta que se ha realizado busca optimizar el diseño de los entrenamientos y guiar hacia la creación de microciclos de calidad. Para ello, se plantean tareas de calentamiento, posesión, finalización y partidos modificados. Las sesiones de entrenamiento que contengan estos cuatro elementos, van a permitir: preparar al jugador/a para la parte principal, evitar lesiones, mejorar la conservación de balón, progresar a portería de forma adecuada, mejorar la finalización y dotar a nuestros jugadores/as de los estímulos necesarios para aumentar su rendimiento.

Atendiendo a este último aspecto, encontramos como juego o partido modificado en la enseñanza de deportes de invasión como el fútbol se presenta como una herramienta idónea y eficiente para el desarrollo del conocimiento y el rendimiento de juego del jugador (Serra, García y Sánchez, 2011).

De igual modo, se sugiere que el juego modificado se puede utilizar como contenido y evaluación de procedimientos técnico-tácticos en todas las edades y niveles. Siempre y cuando se realice una correcta modificación deportiva y se establezca un criterio fundamentado (Serra, García y Sánchez, 2011).

BIBLIOGRAFÍA

Blomqvist, M., Vänttinen, T., & Luhtanen, P. (2005). Assessment of secondary school students' decision-making and game-play ability in soccer. *Physical Education and Sport Pedagogy*, 10(2), 107-119.

Cañizares, J. M., & Carbonero, C. (2016). *Capacidades Físicas Básicas, su desarrollo en edad escolar.* Wanceulen. Sevilla.

Cara, J. F., Falces, M., Castilla, I. & Martínez, J.A. (2020). Juegos tradicionales adaptados al fútbol para la mejora del rendimiento del portero. *EmásF, Revista Digital de Educación Física*, (67), 123-136.

Cara, J. F., Pernía, I., & Martínez, J. A. (2020). La figura del portero a través del rondo específico en fútbol. *Trances*, 12(4), 380-395.

Cara, J. F., Pernía, I., & Utrilla, M. (2014). El rondo específico por puestos en fútbol. *Revista Fútbol-Táctico*, 86, 144-153.

Cara, J. F., & Utrilla, M. (2011). Juegos tradicionales adaptados al deporte del fútbol. *EmásF, Revista Digital de Educación Física*, (12), 46-57.

Clemente, F. M., Martins, F. M. L., Mendes, R. S., & Figueiredo, A. J. (2015). A systemic overview of football game: The principles behind the game. *Journal of Human Sport and Exercise*, 9(2), 656–667.

Contreras, O. R., De la Torre, E., & Velázquez, R. (2001). *Iniciación deportiva*. Madrid: Síntesis.

Eniseler, N. (2006). Estudio de la Frecuencia Cardiaca y las Concentraciones de Lactato Sanguíneo como Variables para Predecir la Carga Fisiológica en Jugadores de Fútbol de Élite. *Publice*, (0).

Filetti, C., Ruscello, B., D'Ottavio, S., & Fanelli, V. (2017). A Study of Relationships among Technical, Tactical, Physical Parameters and Final Outcomes in Elite Soccer Matches as Analyzed by a Semiautomatic Video Tracking System. *Perceptual and Motor Skills*, 124(3), 601–620.

Fuentes, F. J. G. (2015). *El deporte en el marco de la Educación Física*. Sevilla. Wanceulen.

Fradua, L. (2001). La enseñanza y el entrenamiento en deportes de equipo. *Deporte y actividad física para todos*, (2), 53.

Gómez Mora, J. (2003). *Fundamentos biológicos del ejercicio físico*. Sevilla: Wanceulen.

Hernández Moreno, J. (2000). *La iniciación a los deportes desde su estructura y dinámica*. Barcelona: Inde.

Jiménez, F. J. (201). Análisis estructural de las situaciones de enseñanza en los deportes colectivos. *Acciónmotriz*, (6), 39-57.

Lago, C. (2002). *La enseñanza del fútbol en edad escolar*. Sevilla. Wanceulen.

Lazarus, M. L. (2013). Imaging of Football Injuries to the Upper Extremity. In *Radiologic Clinics of North America* (Vol. 51, Issue 2).

Martínez Sánchez, J. A., Solana Sánchez, A. M., & Núñez Sánchez, F. J. (2023). Capacidad de creación de ocasiones de gol: influencia de jugar en casa o fuera, dimensiones del campo y número de pases por ciclo de ataque en un equipo de fútbol de élite sub-19 (Ability to create goal opportunities: influence of playing either at home or away, dimensions of the field and number of passes per attack cycle in an under-19 elite football team ability). *Retos, 50*, 244–253.

Martínez, S. (2022). Toma de decisiones en los deportes colectivos en Educación Física. *Revista Electrónica Transformar*, 3(5), 26-39.

Olivera-Rodríguez, V. L., & Colaboradores. (2019). Estrategia sociodeportiva para la iniciación deportiva en los deportes de oposición-cooperación en la educación física. *Revista científica especializada en Cultura Física y Deportes*, 16(42), 1-16.

Portugal, M. (2006). El entrenamiento en el fútbol: rondos y mantenimientos. Barcelona: Lisma.

Safania, A., Alizadeh, R., & Nourshahi, M. (2011). A Comparison of Small- Side Games and Interval Training on Same Selected Physical Fitness Factors in Amateur Soccer Players. *Journal of Social Sciences*, 7(3), 349-353.

Serrabona Mas, M., Andueza Azcona, J. A., & Sancho Olivera, R. (2007). *Mil 1 ejercicios y juegos de calentamiento*. Editorial Paidotribo.

Serra Olivare, J., García López, L. M., & Sánchez Mora Moreno, D. (2001). El juego modificado, recurso metodológico en el fútbol de iniciación. *RETOS. Nuevas Tendencias en Educación Física, Deporte y Recreación*, (20), 37-41.

Vaquera, A., Calleja, J., Rodríguez, J. A., Lekue, J., & Leibar, X. (2002). Propuesta de calentamiento competitivo para baloncesto de alto nivel. www.*RendimientoDeportivo.com*,

Vilamitjana, J., Heinze, G., Verde, P., & Calleja-González, J. (2020). Comparison of physical performance between possession games and matches in professional football. *Apunts. Educación Física y Deportes*, 141, 75-86.

Weineck, J. (2019). *Entrenamiento total*. Barcelona: Paidotribo.

Wein, H. (2004). *Fútbol a la medida del niño vol.2*. Madrid: Gymnos.